クリ活2

アートディレクション・デザイン編

目次 Contents

はじめに ≫ P4

1 第一線のクリエイターの就活 ≫ P6

佐藤可士和

色部義昭

千原徹也

えぐちりか

小杉幸一

田川欣哉

窪田新

川腰和徳

矢後直規

上西祐理

イムジョンホ

かっぴー

藤井亮

小野直紀

榊良祐

川上恵莉子

2 インハウスクリエイターの就活 ≫ P42

資生堂 花原正基

コクヨ 金井あき

デザインシップ 広野萌

第一線のクリエイターの
就活話を振り返って ≫ P50

**3 若手クリエイターの
ポートフォリオ** ≫ P52

河野智

吉田隆大

岡村尚美

深沢夏菜

赤沼夏希

市田啓幸

中村心

佐藤茉央里

矢入幸一

香取有美

金子嵩史

高橋里衣

ポートフォリオは
どんなものをつくればいいか？ 》P78

**4 各社クリエイター
　による採用の考え方** 》P80
株式会社電通
株式会社博報堂
株式会社ＡＤＫクリエイティブ・ワン

株式会社サイバーエージェント

株式会社アドブレーン

株式会社ハウラー

5 特別企画 》P88
ロバート 秋山竜次

**6 『クリ活2』編集長
　インタビュー／座談会** 》P94
クリ活編集長就活話Q＆A
編集長座談会

7 企業紹介 》P104

あとがき 》P122

はじめに

私が入社して2年目の時から、同期に誘われたことをきっかけに、
マスナビさんで自身の就職活動の話を定期的にさせていただくようになりました。
それから何年か続けていたところ、
宣伝会議さん、マスメディアンさんに興味を持っていただきまして、
あれよあれよという間にクリエイターに特化した就活本を書くことになりました。

実際本を書くことになって、ウンウン考えた上でハッキリわかったことは、
自分個人の経験と意見だけを書いた就活本では世の中の役に立たないな、ということでした。
そもそも大学生にとって、「お前誰やねん」な人が就活の持論を語っても需要ないなと(笑)。
そこで思いついたのは、自分が就活していた時にこの本がなかったことを心から残念に思えるような、
そんな本にすればいいんだということでした。
そうして、『クリ活』第1弾が生まれました。
とにかく就活の役に立つ色々な話、情報が載っている本。
しかもみんなが憧れるようなスタークリエイターの就活話や、
就活を終えたばかりの若手クリエイターの作品集、
採用を担当しているクリエイターの話までもが載っている本。
こんな本、案外ありそうでなかったので、これならみんなにとって意味のあるものになるな! と思いました。

そして誕生した『クリ活』ですが、
これが、この業界にいると「あの本読みました」みたいな後輩の子とかが結構いてくれたりしまして。
その人たちが業界でめちゃくちゃ活躍してたりして、エモい気持ちになったりしてですね。
私が何をしたわけでもないのですが、勝手に嬉しく思ったりしちゃうわけです。すごく。

そんな中、第1弾発売から7年経ち、
マスメディアンさんから第2弾どうでしょうかといったお話をいただきまして。
これはもうやるしかないということで、ありがたく承諾させていただきました。

その上で、第2弾は、前回よりもさらにクリエイターのジャンルも多岐にわたってきたことで、
このたび3冊に分けてリニューアルすることにしました。

その分今作は前作よりも格段にパワーアップしまして、
一層幅広い方々に向けて発信できることになりました。パチパチパチ。
タイトルからも「広告」という言葉を抜き、範囲を限定せず、
バラエティに富んだクリエイターの方々からのお話をいただいています。

「アートディレクション・デザイン編」は前作に引き続き私、井本が、
他の「プランニング・コピーライティング編」「デジタルクリエイティブ編」の2冊は、
私が最も信頼を置いている2人の後輩クリエイターにそれぞれ編集長をお願いしました。
この2人は本当に、人間的にもクリエイターとしても素晴らしい人たちです。

これからは自分の軸になる武器を持ちつつ、どんどん領域を越境していく時代です。
理系のデジタル畑の人が素晴らしいアートディレクションを行うことも、
美大卒のアートディレクターがゴリゴリプログラミングすることも、もっと当たり前になっていき、
お互いがお互いの言語や能力を理解し、協力し合わなければならない時代になります。
幅広い視野で、自分がどういうクリエイターになるのかを想像しながら、
他のシリーズもぜひ、目を通していただければ幸いです。

クリエイターとして活躍するようになるまでに最も重要なことは、やはり環境です。
その環境を手に入れるのが、就活です。
就活は、確実に人生の中での重要なターニングポイントになります。
そして、就活はあくまでもゴールを目指す行為ではなく、スタート地点に立とうとする行為です。
自分の人生に対して、その先どういうゴールを設定できるかによって、
コースも変わり、スタートも変わります。
その答えによっては、就活をしないという答えもあるのかもしれません。それでもいいと思っています。
この本はあくまでも情報本なので、この本で色々な情報をくみ取って、
ご自身の人生の中での自分なりの答えを導き出していただければ本望です。

この本があなたのクリエイター人生の中で、
どういう形であれ何かのきっかけをつかむ存在になれますように。

ART DIRECTION & DESIGN KURIKATSU Second ART DIRECTION & DESIGN

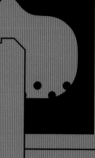

KURIKATSU Second :
A Job Hunting Book for Creators

1

第一線の クリエイターの就活

Job Hunting Histories of Top Creators

JOB HUNTING HISTORIES OF TOP CREATORS

16人の様々なアートディレクターの方々に、就活生時代の話や、今の活躍に至るまでの経緯などを語っていただきました。それぞれ全く違う武器を持つ方々の、全く異なる就活の話をご覧いただき、自分が目指すクリエイター像と照らし合わせながら、参考にしてみてください。

-Interview
-Works
-Student

↗

P06_P41

Kashiwa Sato
Yoshiaki Irobe
Tetsuya Chihara
Rika Eguchi
Koichi Kosugi
Kinya Iagawa
Arata Kubota
Kazunori Kawagoshi
Naonori Yago
Yuri Uenishi
Im Jeong-ho
Kappy
Ryo Fujii
Naoki Ono
Ryosuke Sakaki
Eriko Kawakani

16 TOP CREATORS

↗

SAMURAI
クリエイティブディレクター
佐藤可士和 Kashiwa Sato

1965年東京生まれ。ブランド戦略のトータルプロデューサーとして、コンセプトの構築からコミュニケーション計画の設計やビジュアル開発までを手がける。主な仕事に国立新美術館のシンボルマークデザイン、ユニクロ、楽天グループ、セブン・イレブン・ジャパンのブランドディレクションなど。

「美大生こそビジネスを学んでほしい」
佐藤可士和が考えるクリエイターの未来

子どもの頃から
誰よりも早く
流行を知りたかった

—— 可士和さんはどのような子どもだったのですか?

　幼い頃から、従兄弟たちにファッションや音楽のカルチャーを教えてもらっては、それらにのめり込んでいましたね。僕と従兄弟たちとは年齢差が結構あって、僕が小学生くらいの頃には、彼らは高校生や大学生でした。その当時、ヒッピーやロン毛、サーフィン、音楽ではビートルズやフォーク、ハードロックなどがは

やっていて。小学生が触れるには少し早い、ちょっと背伸びしたカルチャーを教えてもらっていましたね。今思うと、僕は子どもの頃から、すごく情報に飢えていたと思います。誰よりも早く流行を知りたいという欲求があった。新しいものがとにかく好きで、情報には常に細心の注意を払っていました。特にファッションや音楽については、小学校4年生頃から相当興味を持っていましたね。

—— 具体的にはどのくらいファッションがお好きだったのですか?

　洋服へのこだわりはすごく強くて、幼稚園の頃から「グレーのセーターには紺

色のズボンでないと嫌だ」とか言って、紺色のズボンが洗濯されていないと、幼稚園に行かないって駄々をこねたりしていましたね(笑)。小学生の時には、「新品の状態がかっこ悪い!」そう思って、かぶっていた黄色い帽子をわざと池に落としてみたり、ピカピカのランドセルに校庭で砂をかけてみたり、新品の靴をわざと水たまりに入れたり…。なんとかして味を出したくて、自分なりにユーズド加工に挑戦していたのも覚えています。

　だから、ブランドに対してのこだわりも当時から強くありました。僕を含め小学生の頃のクラスメートがはいていたジーンズはほとんど国産のメーカーのものでした。小学生ですから当然ですよね。

でも僕は当時「ジーンズはリーバイスに決まっているだろう」って思っていたんですよ(笑)。それぐらい、小学生の頃から洋服はすごく好きでした。

──ということは、好きな音楽に対しても強いこだわりがあったのでしょうか?

音楽については、ビジュアルから強く惹かれていくことが多かったですね。中学1年生の頃にパンクという音楽を初めて知ったんです。テレビ番組を見ていたら、セックス・ピストルズが出ていて。そのビジュアルがすごくカッコよくて興味を持ったことがきっかけだったかな。同時期にKISSを知って「なんだ、このデビルマンみたいなやつは!」って衝撃を受けましたね(笑)。そんなことがあり、中学1年生くらいからレコード店に通い始めました。中でも特に覚えているのは、セックス・ピストルズの『Never Mind the Bollocks』が発売された時のこと。通っていたレコード店の棚にアルバムがずらーっと並べられているのを見て「ポップですごいグラフィックだ」と心を打たれました。僕がグラフィックに初めて感動したのは、2歳前後でミッフィーのデザインを見た時。その時以来の、人生で二番目に味わったグラフィックデザインの感動体験でしたね。

これらの僕自身の経験から、デザインをやる以上、流行に敏感であることは、すごく大事なことだと思っています。ファッションや音楽に限らず、世間で今何がはやっているのか、そこに興味が持てないと、デザインの仕事は難しいでしょう。そういう感覚がないとマーケティングもできませんしね。

──可士和さんが美術に興味を持ち始めたのはいつ頃だったのですか?

幼い頃から絵はすごく好きでした。中でも、漫画とタイポグラフィが好きで『天才バカボン』や『デビルマン』などはよく読んでいました。特に『天才バカボン』は、タイポグラフィの表現としても結構面白いですよね。「ドヒャー」っていう表現とか。『デビルマン』も、描き込みやデスメタル調な書体がすごく好きで、A4の紙に漫画やそのタイポグラフィの模写を夜中までよくやっていました。だから、小学生の頃はバカボンの模写がすごくうまくてね。学校の休み時間になると「絵を描いてくれ!」って、みんなが僕の机のところに並んでいて。クラスメートからは「先生」と呼ばれていました。

あとはさっきのファッションの話にも通じますが、アディダスのロゴもすごく好きだったんです。アディダスのウィンドブレーカーやスニーカーがほしくてたまらなかったのですが、それだけでは足りなくなり、教科書やノートもアディダス製にしたくなってきたんですよ。だからコンパスを使ってロゴを描いて、ノートの表紙にマジックで墨入れをしていましたね(笑)。ブランドマークを教科書やノートに描くと、価値が上がるのではないかと思っていました(笑)。今では良い思い出ですね。

佐藤可士和の就職活動

──可士和さんは就職活動にどのように取り組んだのでしょうか?

大学生の時にパンクバンドをやっていたんですよ。それを活用して、就職活動の時には、そのバンドのトータルプロデュースを作品として発表しました。例えば、曲はもちろんのこと、バンド名や各曲のレコードジャケット、メンバーの衣装なども考えて、一つの作品として発表する…みたいな。個人的にはすごい自信作だったのですが、博報堂の人がどう思ったのか、評判のほどはわかりません。作曲した曲がパンク音楽だったので「試験の時に突然パンクをかけたからびっくりした」みたいな話を後から聞きましたね。それから、音楽のボリュームを上げたら「うるさい、なんだお前は!」的なことも言われてしまいました。あまりにも突拍子もなくて当時の博報堂の試験官の方々も全然ピンと来なかったのではないでしょうか(笑)。

面接では、パンク音楽を流したせいか、「君はアーティストになりたいの?」や「広告には向いていないのではないか?」といった質問をされました。それらの質問に対して僕は「アートも音楽もファッションもすごく良いと感じるものがあるんですけど、広告にはないんですよね。だから、広告の世界では僕が一番になれると思って志望しました」と答えたんです。そんな生意気なことを言う学生だったので、入社を断固として反対する試験官もいたと後から聞きました。まぁ、それはしますよね(笑)。一方でそんな当時の自分を面白いと判断してくれた方もいて、その方々に救われ博報堂に入社することができました。

でも、あの時は本当に、日本の広告には面白いものがないなと思っていました。僕は「これはすごすぎて超えられない」という

大学4年生の春休み ギャラリーを巡りにNYへ

大学3年生の春休み ヨーロッパ一周旅行へ

思いを抱いてしまうと、どんなものでもそれ以上は上には行けないと考えています。一度でも憧れの対象になってしまうと対抗心が湧いてこないから。けれども、あの時の僕は日本の広告に対して憧れは抱けなかった。「なんか日本の広告ってカッコいいものが少ないな」と、そう思っていました。具体的にどうしたらよいのかまではわかりませんでしたが、漠然と、何かが違うという問題意識だけはずっと持っていました。

優秀よりも
有名になりたかった

──若い頃はどのようなクリエイターになりたいと考えていたのですか?

若い頃は有名になるということを意識していた部分がありました。優秀な人になろうとは全然思っていなかったですね。ジャンルにもあまりこだわりはありませんでした。例えば、アメリカのアーティストのアンディ・ウォーホルさんとイギリスのファッションデザイナーのヴィヴィアン・ウエストウッドさんと日本のクリエイティブディレクターの大貫卓也さん。この3人は僕の憧れの方々で、並列で「すごい人」という印象なんです。画家、ファッションデザイナー、クリエイティブディレクターという職種は関係なく、すごいクリエイションをしている、すごいクリエイターなんです。僕もそういうすごいことをする人になりたかった。誰よりも飛び抜けたクリエイターに憧れ、自分もそうなりたいと願っていました。自分なりのすごさを突き詰めたい、そういう思いはずっと昔から持っていましたね。

アートディレクターとビジネス感覚。
佐藤可士和が
経営を理解できた瞬間

──その後博報堂に入社して11年がたった2000年。博報堂を退社し、SAMURAIを立ち上げ独立されました。独立前と後で、違いなどはありましたか?

博報堂に勤めていた頃とSAMURAIを立ち上げた時で、明確に違いを感じたのは、自分でビジネスをやらなければいけないということでした。博報堂にいた時は、経営感覚というものはありませんでしたね。ビジネスにも興味を持てなかったし、経営の「け」の字も知らなかった。けれども、SAMURAIをつくった瞬間、つまり自分が経営者になった瞬間に、ビジネスってこういうものかという基本がわかったのです。それはすごく簡単なことで、全部自分でお金を出さないといけなくなりますから、「これはもったいないからやめよう」や「これは高いけど、最新のものを揃えておいたほうがいい」などの判断を自分でしなくてはいけないし、採用も自分で考えて実行しなければいけないということ。それらをやらざるを得なくなって、自然とビジネスの基本というものを理解することができました。

このビジネス感覚というものは、アートディレクターでも身につけておいて損はないものです。経営者的な見方ができると、企業のブランディングなどに携わる時に深い視点から物事を判断できます。僕もクライアントに対して「ここにお金をかけるのはもったいない」や「これは高いけれども予算をかけるべき」というような話はよくしています。以前「可士和君は経営者だね。イノベーティブな企業を経営している経営者だから信用できる」とクライアントの経営者の方から褒めていただいて、とても嬉しかったですね。僕は日頃からビジネスに関するニュースや株価などもしっかりとチェックしています。人並みにテレビやWebなどでニュースを見るだけですが、それでも十分すぎるくらい情報を得られますよね。

だから、美大生たちにも、ビジネスや経営のことをもっと教えたほうがいいとも思っています。クリエイティブとビジネスは積極的に融合させていくべき領域であると思う。Appleの創業者のスティーブ・ジョブズさんや、ファッションデザイナーのトム・フォードさんはビジネスとクリエイティブの関係をわかりやすく提示してくれました。日本では、『芸術起業論』(幻冬舎)を書かれたアーティストの村上隆さんもそうですよね。村上さんは「アーティストは絵を描くだけでなく、マーケティングなどに対しても戦略を持って関わっていかないといけない」と語っていて、僕もその通りだと思います。

現在は、この3人のようにクリエイティブとビジネスを融合させた例を示してくれる人が他にもたくさんいます。昔に比べたら、クリエイティブとビジネスの両立という概念が広がっていると実感しています。そもそも僕が新入社員だった頃には「ビジネス」という言葉を今ほど聞かなかった気がしますし、経営の話題も多くは出てこなかったように思います。そこから大きく時代が変わっていますから、クリエイティブに対する考え方も変化していかなければいけないですよね。

クリエイターは
どの会社に就職すべきか?

──可士和さんが一緒に働きたいと考えるのは、どのような人ですか?

僕がSAMURAIのスタッフに求めるものの一つが、几帳面でかつ整理整頓ができることです。SAMURAIは社員が10人ほどしかいない小さな会社です。僕が思うに、小さな会社というのは、バンドのようなものなのです。パンクバンドにパンク音楽が嫌いな人が入れないように、SAMURAIにあるグルーヴやバイオリズムに適応し、それを乱さない人でなければお互いに難しいでしょう。それに何より、この整理整頓されたシンプルな環境を心地よいと思えるかを大切にしています。

一方で僕が今もし大手広告会社で人を採用する立場なら、クリエイターは特に枠からはみ出しているような人を採りたいと思いますね。大きな会社だからこそ、はみ出している人たちを受け入れる余力があるはずかなと思います。SAMURAIのような社員が10人だけの会社に異分子が入ってしまうと会社は崩壊してしまいますが、何千人も社員がいるような大きなところならなかなかそうはなりません。大きな会社こそ、その会社らしくない人が入ったほうが絶対に大きなイノベーションが起こる。多くの人がいるか

らこそ、社員同士がぶつかり合ったほうが面白いものができると思います。

一般的に、社員数やその会社の環境によって、採用の話は全然違ってきますよね。そして会社によって求めていることが異なるからこそ、ある企業に受かって別の企業に落ちることがあるのだと思います。もちろん、自分の希望の会社に入れるのが一番いいですが、入れなかったとしても、それで落ち込む必要はあまりないでしょう。それはただ単に、その会社が自分に合わなかったというだけのこと。会社名だけに惑わされずに、自分に合った環境を選ぶことを大事にしてほしいです。たとえ有名な企業や大企業に入れたとしても、クリエイティブの考え方などが合わなかったら結構きついでしょうし、そんなに有名な会社ではなかったとしても、すごく居心地が良いのなら、それは素晴らしいことだと思います。要は、自分が何をしたいのかということです。それをかなえるために、適切な会社を選び、就職をしてほしい。それが就職活動の理想だと思います。

2020年、クリエイターの未来

──この先、クリエイターとしてキャリアを築いていくのなら、どのようなことに気をつければいいと思いますか？

クリエイターとして生きていくなら

ば、これまでは就職をすることが当たり前でした。組織に入り、経験を積むことでいずれ独立をしたり、自分の得意分野を見つけたり。それが一般的でしたが、2020年現在ではもっと多くの選択肢から選ぶことができますよね。例えば「学生のうちに起業をしてしまう」とか。就職をせずに、いきなり起業をするクリエイターというのも、今の時代っぽいというか、一つの選択肢として十分に価値があると思います。別に先人たちが敷いたレールの上を走ることだけが正しいわけではないですから。繰り返しになりますが、今は昔に比べ、本当に色々な選択肢が増えていますし、今この瞬間も増え続けている。そのため「正解は一つではない」ということを就活生の皆さんには強く言いたいです。もし会社に入れなかったとしても、決してそれを失敗だと思ってほしくない。よく最近の若い子はすぐに会社を辞めてしまうとも言われていますが、僕はそれもアリかなと思います。もちろん、ある程度辛抱しないといけないことがあるのも事実ですが、今は終身雇用が基本という時代でもありません。昔と今では明らかに環境や状況が違うわけですから、先人たちの先行事例がいまだに正解であるとは限らないのです。

だからこそ、自分の夢をきちんと持ってください。自分が最終的にこんなふうになりたいというビジョンがあれば、「一度就職して5年くらいはこの会社で頑張ろう」みたいに考えられますよね。でも、もし何もビジョンを持たずに、ただ就職

をして目の前の仕事に耐えているだけならば、そのうちつらくなってきてしまう。そんなふうに将来から逆算して、今の状況を判断できれば、自分にとってより良い選択をできるのではないでしょうか。

ちなみに、もし独立をするなら40歳前にするのがおすすめですね。それくらいまでなら体力的にも元気ですから。僕が独立したのは35歳の時で、まだ若く、すごく怖いもの知らずで、元気でした（笑）。体力的な面から見ても独立や起業をするのは若いうちがおすすめですよ。

社会のシンボルをつくりたい

──最後に、可士和さんの今後の夢を教えてください。

僕の今後の夢は、アートとはまたちょっと違うのですが、何か「社会のシンボル」のようなものをつくりたいと考えています。それが場所なのか、モノなのかはまだわかりませんが。例えば、「東京といったらコレ」というような名所やシンボルになることやモノ、場所をつくりたいですね。振り返ってみると、今までもアイコニックなものにこだわりを持ってつくってきましたので、なんらかの象徴になるものを、きっと自分は大事にしているのではないかと感じているんです。「これが2020年代の現代芸術である」。そういうものを提示していきたいですね。

ユニクロ

楽天

セブン・イレブン

日本財団

JAPAN INTERNATIONAL CONTENTS FESTIVAL 2020

コ・フェスタ

THE NATIONAL ART CENTER, TOKYO

国立新美術館

imabari towel Japan

今治タオル

CUPNOODLES MUSEUM

カップヌードルミュージアム

人や技術をつなぐ「編集的な視点」が
アートディレクターには求められます。

日本デザインセンター
アートディレクター
色部義昭 Yoshiaki Irobe

1974年、千葉県柏市育ち。東京藝術大学大学院美術研究科修士課程を修了。2011年に日本デザインセンター内に色部デザイン研究室を設立。アートディレクターとして働く傍ら、同社の取締役として経営にも携わる。主な仕事に国立公園や東京藝術大学、草間彌生美術館、市原湖畔美術館、天理駅前広場Cofufun、須賀川市民交流センターtetteなど公共施設のVIとサイン計画や「naturaglacé」「白鶴天空」「LiquitexGouache Acrylic+」のパッケージデザインなどがある。主な受賞歴には亀倉雄策賞、グッドデザイン賞、JAGDA賞、JAGDA新人賞、東京ADC賞、One Show Designなど他受賞歴多数。

リキテックス ガッシュ・アクリリック プラス/バニーコルアート

Osaka Metro/大阪市高速電気軌道

風景の流し撮りで撮影した写真を編んだ短冊状の写真集

naturaglace/ネイチャーズウェイ

国立公園 VI/環境省・博報堂

学生時代に風景の流し撮りに使用した自転車

美術に没頭した学生時代

私は手先を動かして何かをつくることが昔から好きでした。そのため子どもの頃は、絵を描いたり工作をしたりして遊ぶことが多かったです。また、遊ぶためのおもちゃを自分でつくることもありましたね。小中学校ではサッカークラブに所属していましたが、その一方で美術への興味もずっと抱いていました。そして高校生になると、独自で美術室を借りて絵を描くことに没頭していきました。このように、私にとって美術はずっと身近な存在でした。だからこそ、今自分が美術の分野に進み、仕事をしていることは自然な流れだったと思っています。

世界を巡り気づいた、デザインの大切さ

高校卒業後は、東京藝術大学に進学しました。東京藝術大学を選んだ理由は、家計の事情で国立以外は受験すらできない状況だったからです。だから、志望校は東京藝術大学のみの1本勝負でした。ただ現役ではやはり受からず、3浪をして、なんとか合格となりました。でも、実は2年目の受験で不合格となった時、進学をあきらめ就職をしようと思っていたのです。理由は単純で、金銭面に余裕がなかったから。そんな折に、通っていた新宿美術学院の計らいで「学費は全額免除でいいから予備校に来い」とオファーをいただき、もう少しだけ大学受験に挑戦できる環境をつくってもらいました。その際に、「この待遇で、かつて受からなかった人はいないからな」とプレッシャーをかけられまして…（笑）。そのプレッシャーと周りの助けがあり、東京藝術大学に進学することができました。

入学後は、とにかく様々な作品をつくりました。立体作品はもちろんなのですが、特に「ファインアート」の世界に私は惹かれていき、写真や映像作品などをよくつくっていました。時間が経つにつれて、どんどんその世界にのめり込むようになり、「もっと多くのものを自分の中にインプットしたい」「自分の世界をもっと広げていきたい」と考えるようになったのです。そして、3年生を終えた後

に1年間休学し、バックパッカーとして、ヨーロッパ諸国を回る旅に出ました。この時に欧州の美術館を多く訪れ、ファインアートをたくさん観て回りました。この経験が私にとって、とても大きな糧となっています。今でも様々な出来事や作品を判断する時の物差しの一つになっていますね。

またこの旅の最中に、もう一つ重要なことにも気づかされました。それは、「フライヤーや看板などのインフォメーションデザインが、魅力的に機能している」ということです。言葉が完全には伝わらない異国の地での旅でしたが、フライヤーやデザインのおかげで、私は様々な魅力的な作品にたどり着くことができました。これは、日本を離れ、海外で過ごしたからこそ、気がついたことでしたね。そこからは、街中のありとあらゆるグラフィックに興味が向き始めました。このことが私の進路を決める上での大きな指針となりました。

色部義昭の就職活動

就職先に日本デザインセンター（NDC）を選んだ理由の一つは、従業員数が多いことでした。私の就職活動の軸には、「デザインやグラフィックアートについて多くの知見を吸収できるか」という点がありました。そのため多くのデザイナーが所属するNDCならば、その分デザインについて学べる機会が多いと考えたのです。

当時のNDCの就職試験の課題は、A4サイズ10ページのポートフォリオを提出することでした。一般的には過去の作品をとじて提出することが多いと思いますが、私はこの試験用に新たに作品を用意しました。テーマは「白紙回答」です。内容は、無地の用紙にメモブロックを貼り付け、その断面にポートレートを印刷するというもの。A4用紙を使うこと以外は、指定された条件を無視していましたから、思い返すと汗が出ますね。よくこんな作品を面白がってくれたなと（笑）。また、この課題とは別に、何冊も自分で本をつくっていました。例えば、自転車にカメラを固定し、風景を流し撮りしたものを写真集にしてまとめる、などですね。

自転車で走りながらスローシャッターを切ることにより、街の色をデータビジュアライズ化することができるのです。それを街ごとに比べてみるのが面白かった。これらの作品を就職試験では持ち込みました。そして試験当日は、とにかく審査員の方とのコミュニケーションを楽しむことを意識しました。これらの取り組みが功を奏し、NDCから内定をいただくことができました。

アートディレクターに求められる「編集的な視点」

デザインやデザインをつくることが好きで、デザイナーの仕事に携わる人が多いと思います。でもだからといって、いつも自分の興味のある仕事ばかりがやってくるとは限りません。だからこそ私は、どんな仕事に対しても好奇心のフィルターを通して仕事に向き合える人に好印象を持ちますね。言い換えると、「自分の好きな分野だけに固執しない人」です。そのため、学生のうちに、自分の見聞を広げておくことはとても重要なことであると思います。

また現代では、メディアのスタイルが変わり、デザインの領域もどんどん広がっています。したがって、様々なスキルを持つ人やその技能が、デザイナーには必要になります。これからのアートディレクターにはそれらを統合する能力が求められるのではないでしょうか。知識は当然必要ですし、異業界・異領域の人や技能をつなげていく「編集的な視点」も必要となるでしょう。そして「他の人が、つくり上げたデザインを見て何を思うのか？」。そこまで見越して、デザインをディレクションすることがアートディレクターの仕事になります。だから、自分が普段見るものに対して抱く、思いや感情。それらの一つひとつを大切にしてください。きっと何かのヒントになるはずです。

就職試験には失敗と成功があるけれど、それは決して人としての良し悪しではありません。全ては相性なんです。結果に一喜一憂するのは当然ですが、人生を左右することでもあるので、そのことを忘れないでほしい。失敗してもめげず、挑戦する気持ちを持ち続けてください。

遊んでもいいし、道を外したっていい。
レールのない道を歩く力こそが大切だ。

れもんらいふ
アートディレクター
千原徹也 Tetsuya Chihara

1975年京都府生まれ。広告、ブランディング、CDジャケット、装丁、雑誌エディトリアル、ドラマ、CMなど、デザインするジャンルは様々。Lypo-C WebCM、H&M GOLDEN PASS キャンペーン、adidas Originals店舗ブランディング、桑田佳祐「がらくた」ジャケットデザイン、ウンナナクールのクリエイティブディレクター。その他にも、テレビ東京 水ドラ25「東京デザインが生まれる日」監督、アートマガジン「HYPER CHEESE」、「勝手にサザンDAY」企画主催、J-WAVE「SHIBUYA DESIGN」パーソナリティ、れもんらいふデザイン塾主催、東京応援ロゴ「KISS, TOKYO」プロジェクトなど活動は多岐にわたる。

桑田佳祐 アルバム「がらくた」/
タイシタレーベル、ビクターエンタテインメント

HYPER CHEESE vol.1
「BLACK&WHITE」

東京応援ロゴプロジェクト/
KISS, TOKYO

千原徹也監督ドラマ テレビ東京 水ドラ25「東京デザインが生まれる日」
©「東京デザインが生まれる日」製作委員会

une nana cool 2020年度シーズンビジュアル/ウンナナクール

吉岡里帆 2021年度
カレンダー/ハゴロモ

コピーライター養成講座の
受付から始まったキャリア

小学生の頃からテレビが好きだったんです。中でも僕が小学校1〜2年生の時に見ていた、『オレたちひょうきん族』（フジテレビ系）という番組が特に好きでした。この番組には、タレントだけでなく番組のディレクターなどスタッフの人たちも出演することがあって。それを見ていて「演者の人たちよりも裏側の人たちの方がカッコいい」「つくり手側って面白そうだな」と、漠然と感じていました。それを職業にしたいというよりは、遠くにある憧れの存在みたいな。自分がそれを目指すなんてことは思っていませんでした。そして高校卒業後も美大などには進まずに、大学の経済学部へと進学しました。

それでも結局、大学生の時にコピーライターやグラフィックデザイナーに憧れるようになりました。そのため、コピーライター養成講座の受付のアルバイトをやっていました。そこで資金を貯めて講座を受講しようと思ったんですよね。そうしたら、そこで知り合ったコピーライターの人に、デザイン会社を紹介してもらえて。新卒で関西にあるデザイン会社に就職することに。でも当時の僕は、パソコンに触ったこともなかったんですよ。だから、その会社は半年くらいでクビになってしまって…。そのあとはファストフード店のクーポンをつくる会社に入社し、しばらくはその会社に在籍していました。そして、僕が28歳の時に佐藤可士和さんが大ブームを巻き起こしました。それを見て、単純にすごいなと思いましたよね。「僕もこんな人になりたい」。そう思わせられて、それをかなえるために会社を辞め、上京することを決めました。

関西から東京へ。
そして独立に至るまで

夢を追って上京したものの、東京での仕事は想像以上に大変でした。関西にいた時は、みんな優しくて意外と楽しく仕事をしていたんです。でも、東京ではそのようにできなくて、しんどかった。

だから東京で最初に勤めた会社は、2カ月で辞めてしまいました。その後は、フリーランスやデザイナーの派遣社員として働いたりしながら、職を転々としました。その中には松本弦人さんの事務所や博報堂の仕事をしていた時期もあります。

そうした日々を過ごす中で、クリエイターとしての将来のことを考えると少し不安な気持ちになりました。というのも、派遣やフリーランスとして仕事を受注するだけでは、同じ種類の仕事が多くなってしまうんですよね。同じことを繰り返すばかりでは、クリエイターとして自分の能力が前に進んでいかないような気がしました。そのような生活に突破口を見いだしたくて、次はストイックへと移りました。ストイックはアートディレクターの中島知美さんとフォトグラファーの川口賢典さんの事務所で、ファッション広告を中心に手がけていました。ストイックでは、仕事の中でニューヨークやロンドンに連れて行ってもらい、フォトディレクションなどを学ばせてもらいました。これまでいた広告会社とはデザインに対する考え方も全然違っていて、すごく面白かった。思い返してみると、このストイックが僕には一番ハマっていましたね。そんなストイックには約3年間在籍していて、次に、現在のクリエイティブスタジオ、リッシの前身である、コルテックスという会社に転職しました。そしてコルテックスに入社し1年半が経った2011年10月に会社を辞めて、れもんらいふを立ち上げ、現在に至ります。

あの時、
僕はまだクリエイターではなかった

僕が独立を決めた理由は、憧れていた佐藤可士和さんがSAMURAIを立ち上げた35歳と同じ年齢に自分もなったからです。それからも一つ理由があって。それは映画監督のスパイク・ジョーンズさんとの出会いです。当時、海外でとある仕事を担当した際に、スパイクさんと一緒に夕食を食べる機会がありました。その席で「ニューヨークでは、サラリーマンのことをクリエイターとは呼ばな

い」と僕に話してくれたんです。さらに続けて、「給料をもらっている人はクリエイターとは言わない。なぜなら、作品と給料は別の評価になるから。作品が1円と言われれば1円の給料、100万円と言われれば100万円の給料になる。それがクリエイターなんだよ」と語ってくれました。正直、その言葉を聞いた後は、同じ席で飲んでいる間中、顔が引きつっていましたね（笑）。そして日本に帰る飛行機の中で、「戻ったら絶対に独立しよう」と決めたのです。

道を外すことを恐れるな

どんな人と一緒に働きたいかと、よく聞かれます。れもんらいふはデザイン会社だから、当然デザインができる人でないと困る。今まではそう考えていたのですが、今は「デザインができなくても全然いいや」と思うようになってきました。結局、一緒に働くとなると、気が合うかどうかなんですよね。やはりそれしかない。一緒に飲みに行きたい人で、パーティーにも連れて行きたいと思うか。多分、どんなにデザインがうまくても、一緒に歩くのが嫌な人は採用しないと思います。最終的にどのような仕事をやるにしても、大切なのは人間力なんですよ。デザイン力や営業力は関係ない。だから、学生の皆さんに伝えたいのは、人間力を磨いてほしいということです。

今の学生の皆さんは、とても真面目で優秀な人が多いと思います。その一方で、レールがないと動けない人も多いと感じています。しかし、大切なのは「レールがないところをいかに歩くか」ということなんですよね。セオリーや決まりを考えるのは一度やめて、もっと自由に柔軟な思考を持つようにしましょう。突拍子もないことをやってもいいんです。道を外したって別にいいんです。もっともっと遊んで、自由に生きてほしいと強く思います。たとえ遊びであってもそこから仕事に結びつくことは十分にあるし、もっというと「遊びから仕事に結びつける能力」がこの先はすごく大切な力になっていくと思います。大人がつくり上げた固定観念はゴミ箱に捨てて、好き勝手遊んじゃってください！

スキルや強みをどのように活かせるか。
一歩先を追求する思考を持ってほしい。

電通
アートディレクター
えぐちりか Rika Eguchi

1979年北海道帯広市生まれ。多摩美術大学大学院美術研究科工芸専攻修了。主な仕事に、ARASHI EXHIBITION "JOURNEY"、SoftBank「5Gプロジェクト」「iPhone12 Pro」、著書絵本「パンのおうさま」シリーズ（小学館）など。D&AD金賞、スパイクスアジア金賞、JAGDA賞、JAGDA新人賞、ひとつぼ展グランプリ、岡本太郎現代芸術賞優秀賞など多数受賞。また国内外の様々な分野においてアーティストとして作品を発表し、青山学院大学えぐちりかラボでは教員を務めている。

ORBIS DEFENCERA/ORBIS

Autumn dolce/PEACH JOHN

学生時代の作品「EGG DISH」

EGG/木村カエラ

「パンのおうさま」シリーズ/小学館

学生時代の作品「beautiful world」

クリエイティブの原体験は、幼少期の祖母とのモノづくり

幼い頃は、両親が共働きで忙しかったので、一緒に住んでいた祖母とモノづくりをしてよく遊んでいました。裁縫や工作、料理など、様々なものをつくることが多くて、毎日がワークショップ状態でした。それがとても楽しかったんです。そのため、子どもの頃から自分の家庭を持つことに憧れていました。「自分のつくった食器に料理をのせて、食卓に出すお母さん」。そんな存在になりたいと、漠然と思っていたんです。

そんなふうに幼い時から考えていて、高校卒業後は、陶芸とガラス工芸を学べる大学に進学しました。でも1年生の間は美術にはあまり真剣ではなかったんです。美術系の学生らしくなったのは2年生になってから。先輩に注意されたことがきっかけでした。というのも初めてのガラス工房での授業の際に、何を着ていけばいいのかわからなかったので、赤いワンピースの上に白衣、そしていつものヒールの靴を履いてガラス工房へ向かったんです。そうしたら「何を考えているの？」ってすぐに注意されました。まぁ、怒られて当然ですよね（笑）。この時から少しずつ自分がクリエイターの端くれであることを自覚し始めました。それから徐々に美術にのめり込むようになり、大学とは別のガラス教室にも通い始めました。そして、徐々に自分の作品が評価されるようになり、インテリアショップで自分の作品を取り扱ってもらえることも増えてきて。気がつけば、現代ガラスの作家になることが自分の夢になっていました。そして、ガラスを使った現代アートの道をより極めていくために、大学卒業後は大学院工学科へ進学しました。

ガラス作家の世界から、広告業界へ進んだ理由

大学院に進学後も、精力的に製作活動にはげんでいました。しかしどうしても、展覧会に来てくれる人にしか自分の活動や作品が届かなかった。このことに歯がゆい思いを抱えるようになりました。その一方で同時期に、大学の卒業制作が「ひとつぼ展」という公募展でグランプリを受賞することができました。その審査員として、浅葉克己さんや青木克憲さんなどアートディレクターの方たちが参加されていたのです。この時に私は「アートディレクター」という仕事の存在を知り、広告業界の仕事に興味を持ち始めるようになりました。

広告業界の仕事で何よりも魅力的に感じたのは、たくさんの人と一つの作品をつくっていける点でした。広告の仕事は、役割を分業して仕事を進めることが多いため、一人で作品をつくるよりも多くのアイデアを形にすることができる。当時、アイデアが浮かぶスピードに対して、形にすることが追いつかなかった私には、すごく魅力的な状況でした。それに、広告は多くの人に情報を伝えるために存在しています。つまり広告を通してならば、より多くの人に自分の活動を届けることもできる。そのため、私が抱えていた悩みも解消できると思いました。そして私は、広告業界に進むことを決めたのです。

自分の強みが、どのように役に立つのかを伝える

就職活動では、自分が憧れている人の経歴を調べることから手をつけ始めました。「その経歴を自身の目標に変えることで、今やるべきことが見えてくる」、そう考えたからです。また、私の2歳年上で、当時すでに電通に入社されていて、同じひとつぼ展でグランプリをとられていた宮下良介さんのアドバイスも参考にしていました。具体的には「OB・OG訪問をする」「賞は取っておくほうが有利になる」などですね。これらのいただいたアドバイスを忠実に実行するように努めていました。

また、電通の就職説明会に参加した際に「ガラスでつくったたまご以外で、広告に通じる作品を増やしたほうがいい」とアドバイスをいただきました。大切なのは広告をつくる上で、自分のスキルや強みがどのように役立つのか。それをどうやってアピールするのかが課題になりました。私が自分の強みとして思い浮かべたのは、ガラス作家としての経験です。卵をモチーフにした作品を多くつくっていたため、一つのモチーフから様々な表現へつなげられること。それこそが、他者にはない私自身の強みになると思いました。そしてそれを広告に置き換えるとどのように役に立つのか。それをしっかりと説明できるように、当時不況だった日本を盛り上げるために、架空の広告キャンペーンを立ち上げることにしました。それをコンセプトやネーミング、ロゴ、ポスター、CM、商品、空間デザインと一つのアイデアを様々な媒体に広げて、たまごの作品と同じくらいのボリュームでつくりました。その結果、私は電通から内定をもらい、入社することができたのです。

才能を開花させるのは、一歩前に踏み出す勇気

今の時代、就職をする以外にも、起業やフリーランスなど、様々な選択肢を選ぶことができると思います。私は新卒で電通に入社してから2020年の今まで変わらずに会社に勤め続けてきました。その経験を通して私が思うのは、企業に所属していると、とてもピュアな気持ちで仕事に取り組めるということです。それぞれのプロフェッショナルと分業して仕事をするので、良いものをつくることを考え続けられますし、社内には仕事や仕事以外の活動でも活躍している人がたくさんいて、刺激と出会いが無数にあります。また若いうちから大きな仕事に恵まれるチャンスも多いので、社外で活躍されている方と接する機会が多いのも魅力的なポイントだと思います。もちろん、他にも様々な観点があって十人十色の意見があると思いますが、私自身は、学ぶことやチャレンジが好きな人には、大企業は最高の環境であると感じています。

また、もう一つ個人的に思うのは、今の時代では既存の職種へのこだわりは、あまり強く持たなくてもいいということです。それよりも「何をしたいのか」が重要なのです。それをかなえるための方法を自らの手で積極的に見つけにいってほしいと思います。どのような人にもきっと才能は眠っています。ただ、その才能を開花させるためには一歩前に踏み出す勇気が必要なのです。もし夢があるのなら前に進むことを恐れずに、夢のために努力することを目一杯楽しんでください。

人々の頭の中の一枚絵をデザインする。
それが、アートディレクターの仕事。

onehappy
アートディレクター
小杉幸一　Koichi Kosugi

1980年神奈川生まれ。武蔵野美術大学視覚伝達デザイン学科、博報堂を経て、2019年onehappyを設立。主な仕事に、SUNTORY「特茶」、SUZUKI「HUSTLER」、資生堂「50 selfies of Lady Gaga」、日本テレビ「ダウンタウンのガキの使いやあらへんで!」タイトルデザイン、PARCO「パルコアラ」、ジャニーズ事務所 CIデザイン、STARFLYER「輝く人へ。」、「いきものがかり」のジャケットやホームページデザイン、ライブ、「100日後に死ぬワニ」とのコラボムービーなど。主な受賞歴は、東京ADC賞、カンヌライオンズ金賞、JAGDA新人賞、ACC TOKYO CREATIVITY AWARDS金賞／銀賞など他多数。

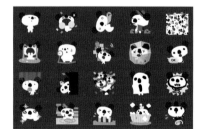

PARCO パルコアラ

PARCO 心斎橋 1

PARCO 心斎橋 2

SUZUKI HUSTLER

Vdrug

YMO40

日本テレビ
『ダウンタウンのガキの使いやあらへんで!』
タイトルデザイン

「僕はつくることが好き」
と刷り込まれて育った

僕が美術に関心を持つようになったのは小学校3年生の時です。夏休みの自由研究で、ある工作を提出しようと思い、父親に手伝いをお願いしたのです。そうしたら、結果的にその工作の99%を父親がつくってしまいました。さらにそれが学校の学年コンテストのグランプリを獲得してしまって（笑）。それがきっかけで「小杉は図工が得意」という印象をみんな抱くようになったのです。この出来事がきっかけで、僕自身も「僕はつくることが好きなんだ」と刷り込まれて育ちました。これが、僕が最初にモノづくりを意識したきっかけでしたね（笑）。

小杉幸一の就職活動

僕が就職活動で意識した観点は、「どういう仕事をしたいのか」より、「どういう人がその会社にいるのか」ということでした。それで色々調べてみたら、僕の好きな仕事の多くを博報堂のアートディレクターの方が手がけていると知りました。「博報堂には優秀な人材が育つ環境や応援してくれる体制がある」そう思い、博報堂を志望しました。

また、就職活動の際に提出したポートフォリオでは「僕自身を覚えてもらうこと」を意識しました。当時僕は特に賞も取っていなかったし、作品に個性があるわけでもなく、「自分らしい何か」を持っていませんでした。面接官の方は多くの学生と面接をするわけですから、「このままでは僕の名前すら覚えてもらえない…」と思いました。そこで、自身の特徴を振り返ってみると、「とにかく作品数が多い」と気づきました。これを武器にし、磨いていくことで、「いっぱい作品がつくれる元気なやつ」として、面接官に覚えてもらおうと戦略を立てたのです。

そして試験当日。当時の博報堂の試験では、自分の作品を展示、プレゼンするために1人1部屋貸してもらえました。しかし、それではインパクトが足りないと思い、試験官に無理を言って2部屋借りるなど、当日も徹底的に作品数をアピールしました。恐らく、僕が博報堂

の就職試験で初めて「次の部屋はこちらです」と案内をしたのではないでしょうか？（笑）。それが功を奏したのか、博報堂の内定を勝ち取ることができました。実際に入社後、僕の師匠となった佐野研二郎さんにも「小杉の作品は、すごく良いのはなかったけど、数だけはいっぱいあったよね」と、当時のことを覚えていただいていました。作戦通りだと心の中でガッツポーズを決めたのですけど、その一方でクオリティー面に関してはしょんぼりしたのを今でも覚えています（笑）。

広告賞は運転免許証

僕は広告賞については、ある意味割り切っているところがあります。デザインの良さは明快に言語化できないものがほとんどです。だからこそ、賞があるかないかで仕事をもらえる人、もらえない人がいるのが現実ですし、僕自身もそれを経験してきました。そのため、僕は広告賞を運転免許証だと考えています。免許証を持っていない人に車の運転を任せたいと思う人はいませんよね？ですから当然社内社外の方も、免許証を持っているか否かを参考にして、仕事を依頼してくると思います。だから僕は、デザイナーとして認めてもらえるなら「あらゆる免許を持ちたい！」と思ったのです。当然それをかなえるのは並大抵のことではありませんが、この実情を理解すること。そして、その状態に少しでも近づける努力をすることが大切なのです。また、免許証は更新も必要です。10年前に取っただけでは意味がなくて、常に最新のはやりなどを知り、アップデートしていくことも大切ですね。

ただ、学生の皆さんに知ってほしいのは、「賞は決して目的ではない」ことです。賞を目的から手段に変えるために、自分の考えや見据える未来を整理してみると、自分が大切にしているものを突き詰められます。自分を形成する上で賞はどのようなツールになるのか。そこをはっきり言語化してみてください。賞などなくても人の信頼性やつくり続ける姿勢など、デザイナーとしての価値は様々なのですから。

考え方に「個性」を持つ

今の僕自身の課題でもあるのですが、僕は仕事をする上で「考え方に個性を持つ」ことをよく意識しています。仕事柄、「どうやってアウトプットに個性をつけるか」を長年考えてきましたし、すごく苦しめられてもいました。ただ、視点を変えて「アウトプットは表面上に出る結果である」と捉えた時、すごく楽になった。つまり、表面ではなくもっと根幹にある、そのプロセスや自分の考え方、そっちに個性を持つことが大切だと思っています。僕自身もいまだに完璧な答えにはたどり着いていませんが、「考え方＝個性」を意識してやると、自分にしかたどり着けない答えも見えてくるのではないでしょうか。

あとは、「一枚絵」という考え方をアップデートしています。これはつまり、人々の頭の中のイメージをどうつくるかという話です。人は様々なメディアから受け取った情報を無意識に編集している「無意識編集者」であると、僕は考えています。だからこそ必ずアートディレクターは、全てのビジュアルに対して責任を持ち、最終的に人々の頭の中で「一枚絵」が構築されるイメージを持たなければいけないと思っています。

体験を重ねて
世の中への解像度を深めてほしい

周りから吸収したものを自分のセンスに好転できるのは学生の時だけです。だからこそ、学生時代にいかに多くのものを自分ごと化していけるかが大切ですし、学生の皆さんにはそれをしっかりと体験してほしいです。決してインターネットを通じて、頭や指先だけで経験したつもりになってほしくない。体験を重ねていくことで世の中への解像度はだんだんと深まっていき、世界で見えるものも増えていくと思いますよ。

ここまで色々とお話しましたが、とはいえ、僕が一番学生の皆さんに伝えたいことは「僕の言うことは聞かなくてもいい」ということです。間違っていてもいいから、自分でジャッジし、その結果を一番大切にしてほしいと思います。

自分が得意なフィールドを選ぶこと。
それが勝負に勝つためのコツです。

Takram
デザインエンジニア

田川欣哉 Kinya Tagawa

東京大学機械情報工学科卒業。英国ロイヤル・カレッジ・オブ・アートにて修士課程修了。LEADING EDGE DESIGNを経てTakramを共同設立。主なプロジェクトに、トヨタ自動車「e-Palette Concept」のプレゼンテーション設計や日本政府の地域経済分析システム「RESAS」のプロトタイピング、メルカリのCXO補佐などがある。主な受賞歴には、グッドデザイン金賞、iF Design Award、ニューヨーク近代美術館パーマネントコレクション、未踏ソフトウェア創造事業スーパークリエータ認定など他多数。

メルカリ
ロゴリデザイン

V-RESAS 内閣府の地域経済分析サイト
データビジュアライゼーション

清水エスパルス
ブランドリニューアル

羽田空港 POWER LOUNGE
クリエイティブディレクション

21_21 DESIGN SIGHT 企画展
ディレクション

トヨタ自動車 e-Palette Concept
クリエイティブディレクションサポート

人工物の魅力にハマった学生時代

小学生の時は、美術が嫌いでした。全く理解できなくて、美術って何の役に立つのかと、本気で考えていました。小学校の美術の先生が苦手だったのです。「お前の色の塗り方は間違っている！」と、授業の時に自分が描いた絵を否定されてからトラウマになってしまって…。だから、当時は美術をすごく窮屈なものだと思っていました。

僕がデザインを意識するようになったのは、大学3年生の頃です。きっかけになったことが2つあります。1つ目は、「良いモノをつくりたい」という欲求が湧くようになったことです。良いモノとは、機能性が良いことや使い心地の良さ、カッコよさがあるもの。大学生活の中で、色々な素晴らしいプロダクトに触れていく中で、触発されていきました。デザインやプロダクトの書籍や写真集などを穴が開くほどみたりして。「人工物」の魅力にハマってしまい、そこからモノづくりへの欲求が生まれていきました。

デザインを意識するようになった2つ目のきっかけは、建築学科にいた親友から、建築の知識や思想を教え込まれたことです。親友の話を通して、今まで自分が知らなかったクリエイティブの世界や思考・哲学に出会い、それにも憧れました。ただ、建築の「サイズ感」が僕にとっては少し大きく感じたのですよね。自分より遥かに大きな建物よりも、ヒューマンスケールの世界が自分には身近で性に合っていたのです。そこから、プロダクトデザインの世界へ関心を持つようになりました。

大学3年生にして、
初めて知ったデザイナーの存在

大学生の時、卒業後はすぐに就職したいと、はじめは考えていました。しかし、僕はそうはせずに、海外の大学院へ進学することを選択しました。そのように考えを改めたのは、ある国内メーカーへのインターンシップがきっかけでした。

当時の僕はその国内メーカーに、すごく就職したいと考えていました。そんな中で、大学3年生の時に、3カ月ほどその企業にインターンシップに行ける機会を得られたのです。そしてインターンシップに行き実際に企業で働く人たちを見て、初めて美大を卒業したデザイナーの存在を知りました。僕はそれまで、モノづくりは全てエンジニアがやっていると思っていたのです。しかし、実際の現場には、美大卒のデザイナーがたくさんいて、彼らが新しい製品のコンセプトやデザインを生み出していたんですね。それを見て、自分の認識が間違っていたことに気づき、「やばいな…」と感じました。「このまま工学部を卒業しても、企業ではデザインを担当させてもらえない」「デザインをやりたければ、美大に行く必要がある」。そのことを大学3年生にして、初めて知ったのです。もんもんとしながらも、大学卒業後は、デザインを学ぶためにロンドンにある大学院のロイヤル・カレッジ・オブ・アートへ留学することを選びました。

勝負はフィールドを選んだ時点で
ほぼ決している

一方で、同じく大学3年生の頃に、LEADING EDGE DESIGNを主宰されている山中俊治さんと出会いました。山中さんは工学部の出身でありながら、デザインの仕事をされている方でした。山中さんが担当されていたエンジニア向けのスケッチ授業の後に、質問したことがきっかけになって、気づけばアルバイトとしてLEADING EDGE DESIGNに参加させてもらえるようになりました。そして大学院でデザインを学んだ後は、そのまま社員としても採用してもらえて…。だから僕は、いわゆる就職活動は結局全くやらなかったのです。

大学時代、僕の周りには、頭が良くて、かつ24時間一つのことをやり続けられる人たちが複数人いました。例えば、「そもそも頭の回転が早い人が、プログラミングを愛していて、1日中ずっとプログラムを書いている」みたいなことです。才能もあるのに、そこに無限の熱量と時間を投入している。そんな人がたくさんいて、こんな人たちと同じ領域で競い合うのは無理だなと…。では一体どうしたらいいのかということで、「自分にとって有利なフィールドを選ぶ」ことにしようと決心します。つまり、他の人があまり関心のない領域で、かつ僕自身が寝ても覚めても、手や頭が勝手に動く。そんなフィールドであれば、自分にも勝機があるのかもしれないと思ったんです。僕はその時から、「勝負は、その舞台となるフィールドを選ん

だ時点でほぼ決している」。そう考え、自分の人生の重要な指針の一つにしていま[す]

僕の場合では、フィールドを選ぶ際に、「自分は小さい時から何をやってきたのか」や「自分は何をやりたいのか」ということを掘り下げて考えていきました。そして、たどり着いたのが「モノをつくりたい」というシンプルな思いでした。単に「モノをつくる」と言っても、様々なアプローチの仕方があります。その中で、僕はエンジニアリングに特に興味を持ちましたが、大学には、エンジニアリングを用いてモノをつくる人が他にも多くいました。彼らのエンジニアリングに対する才能や愛情に、僕自身のそれは比べるまでもなく。でも、エンジニアリングとデザイン。この2つのかけ合わせならば、得意とする人は少ないし、自分も人一倍愛情を注げる。この思いこそが、今僕がTakramで取り組む仕事のルーツになっています。

天職を見つけるために必要な
4つの要素

天職に就きたいと考える人は多いかと思います。僕は、天職と呼ばれる職業には次の4つの要素が当てはまると考えています。それは、「好きなこと」「得意なこと」「人々がお金を払ってくれること」「人々が必要としていること」です。とはいえ、この4つの要素を全て満たして仕事をしている人は、ほとんどいないかと思います。かくいう僕もそうでした。僕の場合は好きなことではあったのですが、得意だったわけではないし、世の中から全く必要ともされていなかった。お金もほとんど払ってもらえず、自分が持つLoveだけでスタートしましたから。それでも、まずは好きなことを勉強して得意になり、必要性を認めてもらえるようになって…と1つずつですが、この4つの要素を揃えていくことができました。

だからこれを読む人が、もし天職に就きたいと思うのならば、この4つを揃えるための戦略を考えてみることをおすすめします。必ずしも僕のように、「好きなもの」からスタートする必要もありません。どこをスタート地点にするのかも人それぞれでしょう。たくさんの選択肢の中から自分だけの答えを見つける。自分の人生で何を大切にしたいのか、モチベーションにしたいのか。それを見極め、悔いのない選択ができればすてきですね。

バカにされるくらいの
デカイ野望を持っていい。

電通
アートディレクター/グラフィックデザイナー
窪田新 Arata Kubota

2006年多摩美術大学グラフィックデザイン学科卒業後、電通に入社。キリンビール「ハートランド」、静岡新聞社・静岡放送、JUJU BEST ALBUM「YOUR STORY」、東京海上日動「JUNIOR OLYMPIC」、東京コピーライターズクラブ「コピー年鑑2018」。また、釜石鵜住居復興スタジアムV.I.、埼玉県熊谷市V.I.、テレビ山梨など、地方の仕事を精力的に行っている。主な受賞歴は、ニューヨークADC賞金賞、D&AD賞イエローペンシル、カンヌライオンズ金賞など他多数。

Slice of HEARTLAND/キリンビール

HEARTLAND365/キリンビール

JUJU BEST ALBUM『YOUR STORY』

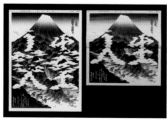

人生、山折り、谷折り新聞/静岡新聞社・静岡放送

学生時代の作品「動物愛護団体 DM」

「批評し合う世界」に違和感があった

　小さい頃から絵が好きで、漠然と美大へ進みたいと思っていました。そして、多摩美術大学のグラフィックデザイン科へ進学しました。当時は「グラフィックデザイン」の意味もわかっていませんでしたが、名前の響きに惹かれて、志望学科を決めました。

　大学2年生までの作品は、イラストレーションが中心で、何度か展覧会に参加していました。そこでは、「ここの線がいいね」や「この色はどうやって出したの？」など、作品についての細かい話が溢れていたのです。そのマニアックな批評し合う世界は僕には合わないと思いました。一方で、街を歩いていると佐藤可士和さんが手がけたダイナミックな広告が印象的でした。広告が都市デザインの構成要素として必要なものに感じたのです。2000年代初頭は広告の世界がとても華やかだった。だから、僕は広告の世界に進みたいと思うようになりました。でも、広告会社を志望したいと周りの人に話したらイラストの作品が多かったのもあり、「お前には広告は向いていない」と言われたりして。その言葉を聞いて、「自分は絶対にできる」と反骨精神を逆に抱けました（笑）。

　就職活動の準備として、当時発行されていた『広告批評』を出すマドラ出版が運営するセミナーに通い始めました。そこで勉強をしながら、アイデアとデザインが両立されているポートフォリオを目指していきました。中でも思い出深い作品は、WWFのはがきサイズのDM。圧着はがきの仕様になっていて、動物の皮を剥ぐ悲惨さを疑似体験できるDMです。なかなか剥けないように強い糊付けにしていたのがポイントです。面接の時には「気持ち悪い」と反応をもらったのを覚えています（笑）。

デザインに参加したくなる余地をつくる

　私が仕事において大切にしていることは、みんながデザインに参加したくなる余地をつくるということです。例えば、キリンのビールブランド「ハートランド」。世界に1枚だけのポスターを100種類制作し、ハートランドを取り扱う100のお店に貼らせていただきました。全てのポスターをつなげるとアニメーションになる企画です。制作工程で何度かお店に出向き、取材、撮影をしてつくったため、お店の協力が必須な仕事でした。

　その完成後、ある店に立ち寄った際に、実際にポスターが貼られているのを見かけました。「この仕事、僕が手がけたんですよ」とお店の方に伝えると「いやいや、俺が考えたんだ！」って返されて（笑）。メーカーから配られた店頭ツールではなくて、自分も参加してつくったという感覚があったようです。ポスターが1枚の紙で完結するだけでなく、つくり方から考えた企画だったので手応えを感じましたね。このように、広告をつくっただけで完結するのではなく、その後をどのように使ってもらうか、発表する場所にふさわしいものなのかを考えながら、私は作品をつくっています。

「バカにされるくらいのデカイ野望を持っていい」

　私が一緒に仕事をしてみたい、と感じる人は、2つのポイントがあります。1つ目は「オリジナルの視点を持っているか」。オリジナルなものとは、前例がないということ。オリジナルには仕事を依頼する価値がある。だから、その人らしい考え方がデザインから見れるかを重視すると思います。プロの現場ではチームメンバーそれぞれが別の視点を持っていた方が制作していて新しいものがつくれると思っています。デザイナーであれば、突き抜けたアイデアや表現をしてくれる人は重宝されるのではないでしょうか。

　ちなみに、ポートフォリオは「自分はどういうことが好きで、どんな人になりたいか」をイメージしてつくった方が良いかと思います。自分が面白いと感じる作品で理解されなければ、その会社とはご縁がない。自分を偽った作品で無理に志望の会社に入っても入社してからつらいだけで、おすすめできません。逆に自分をしっかり表現できたポートフォリオを見て採用してくれる会社は、あなたのことを受け入れて期待してくれています。そこには活躍できるチャンスがある。これは会社に入社してからも覚えていてほしいですね。

　2つ目は「バカにされるくらいのデカイ野望を持っているか」。今までにないデザインで大きな仕事をして、メジャーになってやる！という野心。バンドでいうと、「武道館でライブしてやる」と目指しているような人と近い。でも今時恥ずかしくて、なかなかそんな宣言をする人はいませんよね。だからこそ良いと思うのです。これからのデザイナーは、もっと活躍の場があると思っています。小さな業界内までとまらないで、誰も注目していないフィールドで活躍するイメージを膨らませると、制作する作品が少し変わるかもしれませんね。クリエイターに限らず、大きな野望を持っている人は、目の前の問題や挫折は大して気にしないんですよね。タフな人が多いのです。そして、そんな人に仲間は面白がって付いていくのだと思います。

まだ見ぬ広告の可能性が眠る場所

　これから先も、アートディレクターに求められるのは、先ほども話したようにオリジナリティーだと思います。表現にオリジナリティーがある人はもちろん、それ以外にもアイデアや活動領域など色々な方法でオリジナリティーがつくれると思います。今はスマホで誰でも簡単に写真の加工や文字をレイアウトできる時代です。だから広告業界もこの先も安泰であるとは言い切れない。必要なのは相談してもらえる価値をつくること。その人にしか考えられないオリジナリティーを探求し続けることは、この仕事の醍醐味でもあります。

　コロナ禍において、今までの方法論が通用しなくなりました。世の中が新しいアイデアを必要としているため、今までのデザインを大きく変えることができる機会だと思います。先人の敷いたレールにこだわらず、やってみたいと思うことを自らの手でつくり出してほしいと思います。きっとそこにこそ、まだ見ぬ広告の可能性が眠っているでしょう。

どんな状況でも、絶対にあきらめるな。
自分だけのスタイルで、頂上を目指せ。

電通
クリエイティブディレクター/アートディレクター
川腰和徳 Kazunori Kawagoshi

1979年鳥取県生まれ。2007年多摩美術大学グラフィックデザイン学科卒業、同年電通に入社。アートディレクションを軸としたブランディングを専門に「人を動かす」キャンペーンや「売れるモノづくり」を数多く手がける。主な受賞歴には、2019クリエイター・オブ・ザ・イヤー、ニューヨークADC賞金賞、One Show金賞、D&AD賞イエローペンシル、アジア太平洋広告祭グランプリ、ACC賞グランプリ、東京ADC賞、JAGDA賞、朝日広告賞グランプリなど他多数。

高等学校相撲金沢大会「相撲ガールズ82手」/北國新聞社

KOIKEYA PRIDE POTATO/湖池屋

GATSBY COP/マンダム

『君の名は。』地上波放送プロジェクト/
テレビ朝日・東宝

HISTORY OF THE INTERNET/ヤフー

SINCE 1995/神戸新聞社

学生時代の作品「新組体操」連作

大学に合格できず5浪。
それでもあきらめなかった

　私は多摩美術大学に入学したのですが、合格するまで、5浪したんですよ（苦笑）。地元は鳥取県なのですが、当時住んでいた家の周りには美大予備校がありませんでした。だから、高校3年生の夏にバスケ部を引退した後、美術部に入部し、ほぼ独学で美大を目指し始めたのです。しかも、東京藝術大学1本しか受けないという、かなりエキセントリックな受験の仕方をしていまして…。というのも家が貧乏だったので、藝大以外の選択肢がなかったのです。そのため独学で勉強を始めた現役の時から、1浪目までは予備校に通う資金を貯めるために、アルバイトをしながら独学で勉強を続けました。そして、2浪目になり、やっと東京に出て予備校に通い始めました。当時はラーメン屋で夜遅くまで働いて、朝早くから予備校でデッサンを描く。そんな生活を続けていましたね。でも2浪目と3浪目でも藝大に合格することはできませんでした。

　4浪目の時には、もう予備校に行くお金も残っていなかったため、一度大学進学をあきらめたのです。そしてスーパーのチラシをつくっているデザイン会社でアルバイトとして働き始めました。でも、その職場で佐藤可士和さんが手がけたグラフィックデザインを見る機会があって。それを見て「こんなに面白い仕事があるのか」と、とても感動したのを覚えています。

　それがきっかけであきらめていた思いが再燃し、もう一度大学受験に挑戦することにしました。とはいえ、お金がない事実は変わらないので4浪目と5浪目は予備校には行かず、ほとんど自宅で石膏像をデッサンして過ごしていました。また藝大一本の受験をやめ、佐藤可士和さんの母校である多摩美術大学も受験することにしました。そして5浪目にようやく、多摩美術大学に合格し、入学することを決めました。

誰も登らない山こそ、
登る価値がある

　私は大学1年生の時から、すでに広告会社に入りたいと考えていました。大学2年生の時からCGを学び始めたのですが、その理由も就職を意識してのことでした。当時はまだCGを学ぶ人は多くなく、誰もやっていない分野を学ぶことは、自分のオリジナリティーを出すためにはうってつけであると考えたからです。もちろんそれ以外にも、単純にCGの分野が面白かったというのもありますが。

　ほとんどの人はその時代の流行に合わせて作品をつくることが多いと思います。しかし、みんなが同じものばかりをつくっている中で一番になるのはかなり大変だと思います。比較される人が多いわけですからね。それよりも、登る人が少ない別の山に登ったほうが唯一無二の存在になれます。私の場合はそれがCGでした。自分の好きなCGという山になら登れそうだと思ったし、登ることで強力な武器を手に入れることができました。その道は厳しいかもしれませんが、その頂上には必ず価値のあるものが眠っていると思いますね。

若い人こそ、賞を目指せ

　私は若い人たちに、賞に挑戦しましょうという話をよくします。なぜそんなことを言うのかというと、賞に挑戦することで、その時の自分のポジションを知ることができるからです。さらに、賞を取ると多くの人に自分のことを知ってもらえます。これはつまり、若い人ほどチャンスであるというわけなのです。自分よりも年上の人や遠くにいる人に、自分の存在を知ってもらえる可能性がある。コツコツと仕事で結果を出していくことも大切ですが、賞を獲得できると非常に大きな一歩を踏めるのです。それに、人は錯覚をする生き物です。何か一つ賞を取っただけでも「あいつはすごいらしいよ」と、周りが勝手に勘違いしてくれるのですよね。自分の存在感が増して、自分をアピールできる絶好のチャンスになりますから、若い人こそ賞を目指すことは断然おすすめですよ。

アートディレクターに求められる、
制球力

　これからの時代は、制球力の高いアートディレクターが求められてくると思います。1つの球だけでなく、様々な変化球を投げ分けられる方が、バランスが良いのではないかな。カッコいいものやお洒落なものをつくるだけではなく、ダサいものや馬鹿なもの、幅広いジャンルをデザインできるアートディレクター。そういう人になることができれば、たとえどのように時代が変化しても、適応していくことができるのでしょうね。

　私は馬鹿なグラフィックをつくる機会が多かったのですが、最初の頃はすごく恥ずかしかったんですよ。こんなものをつくっているなんて、大きな声ではとても言えなかった。でも時代がどんどん変わってきて、逆に今はそういうものも求められる時代なのですよね。

　私は常々、「アートディレクターをもっと拡張していきたい」と言い続けてきました。時代が目まぐるしく変化していくように、アートディレクターという職業自体も変化しています。具体的にいうと、表現のフィールドが細分化されているのです。アートディレクターが取り組む種目が増えているから、そこに対応できる柔軟性を身につけることは、とても大切な要素になると、私は考えています。

どんなに苦しくても、
絶対にあきらめるな

　学生の皆さんには、失敗や挫折を重ねて、ものすごく苦しい状況になっても、絶対にあきらめないでほしいと思います。受験や就職活動にはタイムリミットがあって、合格しなければ「失敗である」という線で区切られてしまいます。でも、それで終わりではないんです。自分が登りたい山があるのなら、その登り方は自由。第一志望に就職ができなくても、それ以外の会社でもアートディレクターにはなれるわけだし、目指す山があるのなら、別の登り方を見つけたらいいのです。「どうやったらその山の頂上に行けるのか」。その方法をひたすら考えながら、自分だけの新しい道を見つけていってください。今は昔以上に進める道がたくさんあります。先人のつくった轍（わだち）は気にせずに、自分を信じてみてください。

言葉や理性よりも感性が勝る状態、
それが若さ。今一番大切にすべきもの。

SIX
アートディレクター/グラフィックデザイナー
矢後直規 Naonori Yago

1986年静岡県生まれ。SIXに所属。日本航空系LCC「ZIPAIR」のロゴ、シンボル、機体デザイン、制服のディレクションなどのブランド開発。Roppongi Hills Fashion、ラフォーレ原宿などのビジュアルデザイン、矢野顕子などのCDジャケット、篠山紀信など写真家のブックデザインなどを手がける。2016年ドイツデザイン誌novum、2018年中国デザイン誌「Package and Design Magazine」、2020年「COMMERCIAL PHOTO」で特集され、2020年2月にラフォーレミュージアムにて初大規模個展「娑婆囉」を開催。青幻舎から初作品集「娑婆囉」が出版される。

LAFORET GRAND BAZAR/ラフォーレ原宿

ZIPAIR

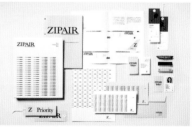

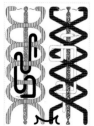

Medusa

Biollan

BASARA

26

学生時代を
「自主的に何かをしていた時間」
として使えたことが重要だった

　僕は武蔵野美術大学視覚伝達デザイン学科に在籍していました。その頃はタイポグラフィがすごく好きで、夢中になって勉強していましたね。友人と古い文献を調べたり、タイポグラフィに詳しいアートディレクターの方に話を聞きに行ったりしていました。思い返してみると、学生時代の自由に使える時間を「自主的に何かをしていた時間」として使えていたことがすごく重要であったと思います。多くのことをそこから学べましたし、それから数年が経った今の自分にも、この体験はすごく活きています。

　僕が学生の頃は、シンプルで落ち着いたデザインがはやりはじめていたと思います。それらをまねして、みんなのデザインが普通っぽくなる現象が生じていたのをよく覚えています。最近、ハイブランドのロゴの書体がみんなサンセリフになり、均一化しすぎたことで、そのはやりの収束を感じます。

ビジュアルとコンセプトの
優先順位

　最近は、デザインよりもコンセプトや言葉、思考を大事だと捉える学生が増えていると思います。僕は武蔵野美術大学で学生の皆さんを相手に講義をさせてもらう機会をいただいています。そこに登壇するたびに、年々このような傾向が強くなっていると感じます。具体的に言うと、Wordの企画書やPower Pointのスライドでコミュニケーションを図ろうとする学生が多いのです。言葉に頼って、視覚でコミュニケーションしようとしていない。こうした学生の変化は、「言葉やコンセプトが大事である」と話すデザイナーが近年多いからだと思っています。そう話す人が多い環境で育ち、憧れてデザインを志すようになった。だから、学生の皆さんは決して何も悪くないし、そうなったのは僕らデザイナー側の責任です。でも実はそうではないこと、それ以上に大切なものがあることを知ってほしいです。

　確かに、言葉やコンセプトも大切なのですが、デザイナーならまず一番にはビジュアルがあるわけです。そのビジュアルに対してコミュニケーションをしたり、理解を深めたりするために言葉を使う。この順番がすごく大切であると、僕は思っています。だから学生のうちにこそ、ビジュアルに関する知見やビジュアライズする技術を鍛えてほしい。むしろ、若いうちにその機会を逃すと今後それらを鍛えていく機会はなかなか得られないのではないかと思います。

　また、僕は2020年に「婆娑羅」という展覧会を行ったのですが、そこである学生の方たちと印象的なやり取りをしました。5人くらいの集団だったのですが、聞くと彼らは武蔵野美術大学の学生で。「時間がかかってしまうのですが、伝えたいことがあるので聞いてくれますか?」と僕に言い、この展示について彼らが感じたことを僕に説明してくれたのです。確かに上手に言語化できずに、何が言いたいのかはほとんどわからなかったけど、すごく嬉しかったことを覚えています。それが若いってことなのですよね。言葉や理性よりも感性が勝る状態。それは若い時期だからこそ経験できる、とても素晴らしい状態であると思います。やはり、若い頃と年を重ねた後の感性って違いますから。学生の時に感じた感動は、その後の生涯や自分自身にも大きく影響を与えることが十分にあります。そのような「心の動き」を学生の皆さんは大切にしてほしいですね。

　この心の動きとビジュアライズする技術。これらをしっかりと連動させてあげることができれば、その人にしか生み出せない作品もきっと生まれてくるのではないかと思います。たとえそれがスマートなものでなくとも、若さに任せて思い切り、振り切ってほしいですね。

名を名乗り、
自分の仕事に責任を持つ

　僕が仕事をする上では、「自分がこの仕事をやりました」と、誰にでも言えるようにすることを心がけています。仕事にかける自分のモチベーションは、一緒に仕事をするクライアントにも伝わります。そのため、責任感を持って仕事をしなければ、クライアントからの信頼は得られません。僕がクライアントの立場なら、同じリスクを背負って、一緒に動いてくれるクリエイター。そのような人は信頼できますし、一緒に仕事をしたいと思います。

今の自分の感性を信じて

　僕は大学3年生の頃、就職活動についての意見交換やお互いのポートフォリオを見せ合うためにSNSを使って、友人とグループをつくりました。就職活動では、他の相手の能力値を測ることは難しいです。だから、自分を含め周りの能力値を高めることが一番、自分の勝ち筋へとつながる可能性が高いと考えたのです。僕が学生の頃ですら、そのような活動ができたので、今であればより有効にSNSを使ったコミュニティーづくりができると思います。それらはもちろん、他にも使えるものがあれば何でも利用して、自分の進みたい道へ進んでほしいと思います。

　また、よく「やりたいことがわからない」と話す学生もいるかと思います。そういう人たちはそれとは逆に、「自分ができないこと」や「やりたくないこと」を考えて、そこから絞り込んでいく方法も一つあるかと思います。0から何かを探す方法もありますが、今あるものから、できないものを削り出して残ったものを突き詰めていく。そういう方向で就活してみるのも良いかもしれませんよ。

　グラフィックデザインは、今までポスターやパッケージ、本など、具体的な制作物をつくるために必要な技術でしたが、今はブランドや事業体が向かっていくべき未来のイメージそのものをつくることにも有効に使われるようになってきたと思います。そのためには非言語のコミュニケーションがとても大切になります。自分の感性に忠実に、今感じる周りの質感や色、匂い、音、風景などあらゆるものを感じてほしいですね。その感覚は、今のその年齢にしか体験できないものですから。忘れずに大切にしてください。

自分に合う場で、
自分らしさで勝負する。

電通
アートディレクター/グラフィックデザイナー
上西祐理 Yuri Uenishi

1987年生まれ、東京都出身。2010年多摩美術大学グラフィックデザイン学科卒業、同年電通入社。今までの仕事に、世界卓球2015ポスター / テレビ東京、LAFORET 2020 /ラフォーレ原宿、#SHEMOVESMOUNTAINS / THE NORTH FACEなど。主な受賞歴は、東京ADC賞、JAGDA新人賞、JAGDA賞、カンヌライオンズ金賞、ニューヨークADC金賞など。趣味は旅と雪山登山。旅は現在42カ国達成。

NEWoMan/ルミネ

学生時代の作品「YKK AP」

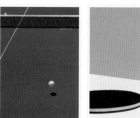

世界卓球2015/テレビ東京

ラフォーレ原宿

学生時代の作品「agnès b.」

デザイナーなら好きなものに囲まれて生きていけそうと、美大へ

中学生の頃から写真部に所属していて、写真がとても好きでした。また、映画や音楽も好きでよく漁っていました。雑誌から得るものは特に多く、『STUDIO VOICE』『Relax』『Casa BRUTUS』『流行通信』『TITLe』『Esquire』『Pen』など、当時様々な雑誌が元気で、アートやデザイン、色々なカルチャーが特集されていて、刺激を受けていました。

そんな学生時代を過ごす中、進路についてしっかりと考え始めたのは、高校2年生の時です。先述のように、写真やカルチャー全般が好きだったのですが、職業として写真家になることには不思議とあまりリアリティーが湧かなかった。でもそういう好きなものに関わって生きていきたいと考え、見いだしたのがデザイナーという仕事でした。「CDも、雑誌も、写真集も、映画のチラシも、私の好きなものたちを最終的に手元に届く形に落とし込んでるのはデザイナー。デザイナーになれば色々な好きなものに関われそう！」。そう考え、デザイナーになるために、進学先について調べ始めました。そして受験先に選んだのが、多摩美術大学のグラフィックデザイン学科です。コンクリート壁のカッコいい校舎や、出身デザイナーたちのシャープな印象に憧れたんですよね。「ソリッドさ」に惹かれて、多摩美術大学を受験し、入学しました。

上西祐理の就職活動

就職については、大学3年生の秋くらいまでは具体的にはあまり考えていませんでした。しかし、3年生の始まりから大学の授業で実践的な課題を与えられることが増えたため、流さず丁寧に課題へ取り組むことは心がけていました。また自分らしさが出るように、課題を自分に引き寄せて制作するようにしていました。なぜなら、ゆくゆくつくることになるであろうポートフォリオに、長い時間をかけ教授の助言も受けた、授業で制作した作品を載せないなんてもったいないし、自分らしさの伝わるポートフォリオにし

たいと考えていたからです。秋以降、就職活動を意識し始める中で、ポートフォリオの存在も考え、提出し終わっていた課題を納得がいくまで地道に手直しを加えて、少しでもクオリティーを高めようと努めていました。冬にかけての追い込みはすごかったと思います。

そうやって課題や作品をつくりつつ、会社を調べたり就職活動の具体的なスケジュールを組み立てる中で、広告会社の作品アドバイス会がどの会社よりもいち早く開催されると知りました。そこで、その日までに就職活動に使うポートフォリオも仕上げることにしました。作品について早い段階でプロから見た意見を聞いてみたかったし、ここで一旦ポートフォリオをつくりきってしまえば、後々楽になると考えたからです。他にはある程度作品がまとまった頃、大学の教授にポートフォリオを見ていただきました。その教授の普段の授業では、なかなか良い作品をつくりきれていなかったのですが、ポートフォリオを見せたら、意外にも褒めてくれたんですよね。とても嬉しかったし、自信をもらったのを覚えています。

私は最終的には電通を就職先に選んだのですが、正直就職活動を始めた当初は考えていませんでした。はじめは、葛西薫さんが在籍するサン・アドや、ライトパブリシティの入社試験を受けようと思っていました。しかし、美術予備校時代の講師であり、現電通のアートディレクターである川腰和徳さんにポートフォリオを見てもらった際に、「自由だし、チャンスもいっぱいある。なんで受けないの？」と電通をおすすめされました。この言葉を川腰さんにもらい、合わないと思ったらその時に辞めたらいいんだという思いもあり、電通の就職試験を受けることを決め、電通へ入社しました。

「自分を合わせる」のではなく、「自分に合う」場を探す

私が面白いと感じる人は、好きなものや主義がちゃんとあり、それを貫いている人です。そういう「自己」がある人がどんな仕事をするのかにはすごく興味があります。私自身、会社で新卒採用の面接官を担当することもありますが、最近の

学生の方たちは、「模範解答をする器用な学生」が多いなと感じます。ただそのままだと、この先数十年続くデザイナー人生が面白くなくなってしまうのを危惧しています。電通に限らず、どこの会社に入社しても、自分のやりたいことや得意なことをしてキャリアを積み重ねていったほうが絶対にずっと楽しい。だからこそ、自分を合わせるのではなく、自分に合った場所をしっかりと見極めることが大切ですし、そのほうが自分自身の大きな成長にもつながります。

アートディレクターの仕事では、つくる前段の「考える」というパートも重要です。時流を鑑み、今の世の中にそもそも何をメッセージとして発するかということを考えなければ、社会や消費者に響くものはつくれないと思います。また、言語化能力やコミュニケーション能力も必要ですね。考えたことや企画、その意図を言葉で伝え、クライアントや依頼主に理解してもらわないといけないし、多くのスタッフとも仕事を協業することもあります。つまり、アートディレクターはビジュアル表現やデザインのプロフェッショナルですが、考える能力、それを言葉にする能力も求められます。自分が得意なところで勝負したほうがいいので、アートディレクターやグラフィックデザイナーなど、仕事の微妙な違いを考えてもいいかもしれません。

やりたいことをやって、生きていくには

やりたいことをやってお金を稼いで暮らしていくのはとても幸せなことです。では、そのような生活を送るためには一体どうすればいいのか。それを逆算して考えて行動してみてください。やりたいことをやるためには、苦しいことに取り組むことも時には必要です。目の前のことだけではなく、10年や20年、50年先のこともイメージしてみる。やりたいことが変わったらその時に方向転換すればいい。自分の人生ですから。好奇心のままに素直に行動し、自分自身の山を登る。他人は関係ありません。自分のやりたいことや目標をやる気に変えて、行動して、悔いのない学生生活を過ごしてください。

色々なことがやり尽くされた今だから、
自分の思いを伝える努力をしてほしい。

mount
アートディレクター
イムジョンホ Im Jeong-ho

1977年韓国釜山生まれ。東京情報大学に進学後、2000年にビジネス・アーキテクツへ入社。HTMLコーダーやプロジェクトマネージャー、情報設計、アートディレクターなどを経験。2004年に独立。フリーランスを経て、2008年に梅津岳城と共にmount inc.を設立した。主な仕事には、The Okura TokyoやBenesseやTOYOTA、星のや、日本マクドナルドなどのWebサイトの制作や企画などがある。主な受賞歴は、One Show、クリオ賞、D&AD賞、ニューヨークADC賞、ロンドン・インターナショナル・アワーズ、スパイクスアジア、AD STARS、グッドデザイン賞など他多数。

DNA GLASS/サントリー

HOSHINOYA/星野リゾート

The Okura Tokyo/ホテルオークラ東京

SUPPOSE DESIGN OFFICE/
建築設計事務所「SUPPOSE DESIGN OFFICE」

Tabio Online Store/タビオ

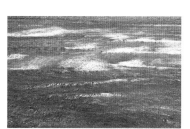

MIKIYA TAKIMOTO/瀧本幹也写真事務所

きっかけは、立ち読みで知った ウェブデザイン・アワード

私は大学に入るまで、デザインや表現の世界には興味がありませんでした。将来はコンピューターを使った仕事に就きたいと漠然と考えていて、高校卒業後には東京情報大学の情報学科（現在の総合情報学科）へと進学しました。そこで、ホームページをつくる授業などを経験していくうちに、少しずつWebデザインに対して興味を持つようになったのです。

そして、1999年に「ウェブデザイン・アワード」が開催されました。その結果を記した厚い年鑑が書籍として出版されていて、それを家電量販店でたまたま立ち読みしたのです。その時に金賞を獲得したのが、後にビジネス・アーキテクツを立ち上げる福井信蔵さん。その福井さんの作品や世界の優れたWebデザインの数々を見て、すごく感動したんですよ。「すごくカッコいい。これはどうやってつくったのだろう？」と、素直に疑問に感じたのです。その書籍の巻末には、メーリングリストが紹介されていて、すぐに私も加入しました。この「ウェブデザイン・アワード」との出合いがきっかけとなり、私はWebデザインの世界へ進みたいと考えるようになったのです。

その後、Webデザインの世界を目指して大学生活を送っていたある時、先述の年鑑で登録していたメーリングリストから1通のメールが届いたんです。その内容は「ビジネス・アーキテクツという組織を新たに設立します」というものでした。福井さんをはじめとするWebデザイン界のスターたちが一つの会社をつくった。それを知った私は、心の底からそこに入りたいと思いました。そして、すぐに「どのような形でもいいから僕も参加させてください！」と連絡したのです。すると、面接を受ける機会をいただき、結果として、コーディング担当のアルバイトとして入社することになりました。大学在学中に加入し、卒業前に正社員にしていただきました。そのため、新卒でも引き続き、ビジネス・アーキテクツで働き続けることになりました。

念願だったデザインの仕事。 しかし…

ビジネス・アーキテクツでは正社員になってからも1年以上、コーディングを担当していました。ただ、あまりコーディングの業務はやりたくなかったんですよね。それよりも、デザインする仕事をしてみたかったのです。でも、当時の僕にはデザインスキルはなかった。だから、デザインを独学で勉強しながら、それ以外の仕事をやろうと考えました。情報設計を自分なりにやってみたり、プロジェクトマネジメントをやったり、プロジェクトリーダーを務めたり。様々なことにチャレンジしていきました。

それから1年半近くが経った頃、とあるコンペが行われることになったのです。会社のリソースが残ってなかったということもあり、そのコンペに僕が参加させてもらえることになりました。2週間近くかけて準備を行い、プレゼンまで自分で行った結果、競合他社に勝ち、その仕事を獲得することができたんです。そうしたら、僕にアートディレクターを担当してほしいという話になって。当時25歳で、それまではコーディングを担当していたのに、いきなりアートディレクターの肩書を与えられたのです。そこから、積水ハウスや富士フイルムなど、大手企業のWebサイト制作の仕事を担当させてもらえるようになりました。

しかし、念願かなって、デザインの仕事に関われるようになったものの、まだ20代半ばの自分がアートディレクターの仕事をしていることに、すごくコンプレックスを感じるようになったのです。「蓄積が何もない自分がアートディレクターを務めていていいのか？」。そう思うようになり、次第に自分の足りない部分ばかりに目が行くようになってしまいました。そして結局、入社して3年半が経った頃に、ビジネス・アーキテクツを辞めて、フリーランスとして活動することにしたんです。

フリーランスの期間は3年近くあったのですが、この間に自分のことをより理解できました。一つは、自分はインプットを積極的にするタイプではない

ということです。フリーランスになってすぐの頃は、自分に足りないものをインプットしようと思っていたのですが、結局あまりインプットをすることはありませんでした。そしてもう一つ、会社に勤めていた頃はプレッシャーに耐えられず、仕事から逃げてしまったのだということも、時間をかけて理解することができました。そうやって自省する期間を経て、さらにアートディレクターとしてのキャリアを積み上げていくために、当時31歳だった2008年、mountの設立へと至りました。

自分の魂を注ぎ込めるような 会社を探してほしい

僕は、人は環境で変われると思うし、環境で能力が育つと信じています。だからこそ、mountで人を採用する際には、その時点での能力ではなくて、「その人がmountに来たらどうなるのか？」ということを想像しながら面接をしています。そのため、就職活動をする人たちに言いたいのは、とにかく、自分の魂や全精力を注ぎ込める環境を見つけるための努力をしてほしいということです。心底共感できて、自分がその制作物の作成に関わりたいと思える会社を探す努力をもっとしてほしいと思います。そんな場所を見つけられたら、臆せずに全力でぶつかってください。

また、今は色々なことがやり尽くされていると思います。何をしても、「それは昔あったから」と一蹴され、そのことに絶望してしまうこともあるかもしれません。そんな時代の今、自分の存在価値を上げていくためには、自分がどういう思いで、どのような課題を解決したのかを伝えるための努力をする必要があると思います。はじめは、誰も自分の言うことを聞いてくれないかもしれません。でも、負けずに繰り返しモノづくりを続けていくことで、いずれ自分が話す言葉と実績が一致し始めます。すると、人は自分の話を聞いてくれるようになる。そのような自分だけのこだわりや、とがった部分から新しい文化は生まれると思います。ぜひ皆さんの手で、この業界の未来を盛り上げていってほしいです。

天才でいるよりも大切なのは、
自分にとっての天職を見つけること。

なつやすみ
漫画家、漫画原作者
かっぴー Kappy

1985年神奈川県生まれ。なつやすみ代表。武蔵野美術大学を卒業後、東急エージェンシーのアートディレクターとして働くが、自分が天才ではないと気づき挫折。その後、面白法人カヤックのプランナーに転職後、趣味で描いた漫画「フェイスブックホリス」をnoteに掲載し大きな話題となる。2016年に漫画家として独立。自身の実体験を活かしてシリアスからギャグまで、様々な語り口で共感を呼ぶ漫画を量産している。代表作「左ききのエレン」は「cakes」や「少年ジャンプ＋」で好評連載中。

左ききのエレン

PARTNER

アートディレクターを目指した
学生時代

　小さい頃、漫画家に憧れる瞬間がある方は多いかと思います。僕もその一人でした。元々、ドラマや映画、お笑い番組を見るのが好きで、そこから想像をふくらませて漫画のストーリーをつくったり、アイデアを考えて、ノートに漫画を描いたりしていました。描いた漫画を友だちに見せて楽しんでいた時期があり、「自分も漫画家になりたい」と思っていました。でもそれは特別思いが強いわけではなく、軽い憧れ程度のものでした。

　その後、高校2年生の時に広告会社の仕事を知りました。プランニングや企画、CMのストーリー作成、デザインなど様々な仕事ができると知り「僕がやりたいのはこれかもしれない」と思ったのです。そして広告の仕事を調べるうちに、広告会社のアートディレクターになるという夢ができました。「アートディレクターになるには、多摩美術大学か武蔵野美術大学にいくべし」と、当時読んでいた本に書いてあり、美大進学のために猛勉強を始めました。

　その後、1浪して武蔵野美術大学に入学したのですが、僕はかなり浮いた存在でした。フリーペーパー「PARTNER」を創刊したり、学生団体の代表を務めたりします。当時、美大生が学生団体の代表を務めることは珍しいことでした。僕は、グラフィックデザインのスキルを高めることよりも、自分が考えた企画やアイデアで、人の心を動かす物事をデザインすることに興味を持っていたのです。そのため、武蔵野美術大学に4年間通いましたが、グラフィックデザインのスキルは全く成長しませんでした（笑）。

アートディレクターの
「天才」にはなれなかった

　就職活動では電通や博報堂、ADKなど大手広告会社を一通り受験しました。他には、企画職として事業会社なども受験しましたが、最終的には東急エージェンシーにアートディレクターとして入社することに決めました。決め手になったのは、美大に進学した理由でもあった

「広告会社のアートディレクターになる」という夢をかなえようと考えたからです。

　東急エージェンシーで、アートディレクターとしてのキャリアをスタートさせるも、会社から求められるのはグラフィックデザインのスキルだけでした。大学時代にそのスキルを全然身につけなかった僕は、案の定評価がされない日々が続きました。そこで僕は、アートディレクターとして「天才」になれないことに気がついたんです。僕にとってアートディレクターは天職ではなかった。それから、アートディレクターはきっぱりあきらめ、企画やアイデアを考えるプランナーの仕事のほうが向いていると考えるようになりました。そして僕は東急エージェンシーを辞め、面白法人カヤックに転職しました。

「漫画家のかっぴー」になった瞬間

　カヤックに転職した時、自己紹介用にギャグ漫画を描いたのですが、それが社内ですごく好評でした。試しにその漫画をWebで公開したら大反響を呼んだのです。それがきっかけで、アートディレクター時代には担当することができなかった大手のクライアントからも、漫画を使った仕事を任されるようになったのです。この時期には、広告漫画の依頼やギャグ漫画の依頼が殺到し、たくさんの作品を世に出しました。これらの作品の制作と並行して『左ききのエレン』の執筆も始めました。当時は、広告漫画やギャグ漫画とテイストが異なることもあり、読者は全然いませんでした。しかし、自分のアートディレクター時代の経験から生まれた『左ききのエレン』という作品を育て、描き上げていくことが僕の使命だと次第に思うようになったのです。

　そして、カヤックに入社して1年半が経った頃、会社を辞め、漫画家として独立しました。独立当時は、安定した収入のために広告漫画の仕事をしながら『左ききのエレン』の執筆をしていましたが、独立して2年が経った頃、『左ききのエレン』1本に注力できる漫画家になるため、広告漫画の仕事を減らす宣言をしました。この瞬間に僕はようやく、「広告会社のかっぴー」から「漫画家のかっぴー」

になったと思っています。

　広告会社でアートディレクターとして仕事をした経験は、今でも僕の糧になっています。この経験がなければ、僕を漫画家にしてくれた『左ききのエレン』を描くことはできなかったと思っています。また、大企業で働いたことで、お金の流れと世の中の流れを知ることができました。世の中を俯瞰（ふかん）する能力を身につけられたことは、独立した今もとても役に立っていますね。大企業に所属し、大きな流れを知るチャンスは新卒のタイミングが一番です。人それぞれ向き、不向きはありますが、一度挑戦してみる価値はあると思います。

たとえ天才になれなくても、
天職を見つければいい

　僕自身が企業に勤めている時に感じたことでもあり、『左ききのエレン』のテーマの一つでもある、天才と凡人の差。僕はこの2つの間にあるのは、その物事に向いているか、向いていないか。そして運とタイミングだけだと思っています。先述のように、僕はアートディレクターには向いていませんでした。しかし、アートディレクターを辞め、その環境から一歩飛び出し、自分の住む世界を変えてみた結果、漫画家という仕事に運良く出合うことができました。もしも、今の環境で自分はくすぶっていると感じるのなら、勇気を出して環境を変えてみるのも一つの手段ですよ。新しいものとの出合いの機会をつくれば、運良く自分に向いているものに出合えるかもしれません。

　また、天才にならなければ幸せになれないのかというと、決してそうではない。社会で生きていくうえで、天才になることはそれほど重要ではないのです。大切なのは、自分が一番働きやすい形を見つけること。それを見つけた人が「勝ち」であるのだと思います。周りの環境なんて関係なくて、自分らしく素の姿でできる仕事こそが天職。たとえ外野に何を言われようが、その仕事が自分に合っているのなら、それを貫けばいいんです。天職を見つけることは、天才になることよりも幸せなことだと、僕は思いますね。

学生のうちは、「変な趣味」を
たくさん持つといいですよ。

GOSAY studios
映像作家/クリエイティブディレクター

藤井亮 Ryo Fujii

1979年愛知県半田市生まれ。武蔵野美術大学・視覚伝達デザイン科卒。電通関西支社から独立。実写・アニメーションを問わずインパクトのあるくだらない映像を多数制作。仕事の種類は多岐にわたり、『宇宙兄弟』『石田三成CM』『宇治市ゲーム広告』『造船番長』などの広告や、テレビ番組『オドモTV』『サウンドロゴしりとり（テクネ）』ドラマ『乃木坂シネマズ』『ダイキョー』テレビアニメ『別冊オリンピア・キュクロス』などを制作。第49回佐治敬三賞、ACC TOKYO CREATIVITY AWARDS金賞、小田桐昭賞、TCC賞、カンヌライオンズ銀賞など他多数。

テレビアニメ 別冊オリンピア・キュクロス

滋賀県 石田三成CM

卒業制作『CRAY BOXING』

日本建設工業CM

Eテレ ミッツ・カールくん

武蔵野美術大学芸術祭ポスター

カッコいいよりも、笑いを求めていた学生時代

僕が人に見せるためにモノをつくるようになった原点は小学生の頃にあります。当時、意地悪な先生がいたのですが、その先生が悪事をするとヒドい目にあう漫画を描いたら、クラスのみんなにすごくウケたのです。それが今でも成功体験として残っています。中学生まではそれなりに勉強もしていたので、高校は地域のそれなりの進学校に進学しました。しかし勉強は高校受験で満足してしまって、入学してすぐに成績がガクッと落ちてしまったのです。こんな田舎の学校でこの順位にしかなれないなら勉強で勝ち目はないと思い、そこで、勉強は心が折れてしまいました。それならば、自分の進路はこれからどうしようかと考えた時、生意気にも絵は同級生の中で自分よりうまい人は見たことがないと思ったのです。そこから美大を志すようになり、1浪をして武蔵野美術大学の視覚伝達デザイン科に入学しました。

入学して早々の1年生の時「映像基礎」という授業があり、なんとなく受講しました。それまで映像のことは全然知らなかったのですけど、その授業の課題でコントみたいな短編映像をつくりました。それを講評で流したら、ドッとウケて、それがすごく気持ち良かったのです。そこで映像をつくる楽しさを知って、そこからデザインよりも映像に、徐々に気持ちが移っていきました。

思い返してみると、小学生や中学生の時に絵を描いていたのも「ウケたい」という欲求があったからだったと思います。カッコいいものをつくりたいと思ってはいても、どこか気恥ずかしくて。そのため、いつもボケられる要素を探しては、ふざけたものばかりつくっていましたね。

藤井亮の就職活動

就職活動の時は、あまりデザイン作品で持ち込もうと思うものがありませんでした。というのも、一応つくってはいたのですが、それが良いものかすらわからなくて、自信を持てなかったのです。

結局どうしたのかというと、それまで試しにつくってきた、変な映像の断片。それがたくさんあったので、編集して映画の予告編ふうにアレンジしたものを準備しました。実際は短編だったり、途中までしかできていなかったりだったのですが、何本もの映像全てが完成している体にして(笑)。本当に最後までつくり上げた感の説得力を上げるためにその映像のポスターもつくりましたね。デザイン科でその辺は得意だったので。

あと就職活動に向けて「きちんとした人ふうに話す練習」をした記憶もあります。普段はグダグダですが就職活動中だけでも、自分の想像するさわやかなサラリーマンのロールプレイングをしようと。遊び感覚で演じていました。

応募先は電通や博報堂、ADKなどの広告会社と、映画やミュージックビデオの制作会社やテレビ局などの映像系の2軸に絞り込んでいました。その当時は「広告会社」と「制作会社」の業態の違いも理解していませんでした。勉強のために読んでいた雑誌『広告批評』のスタッフリストに、たまたま電通が多く掲載されていたので「それなら、ここから試験を受けてみよう」と思い、一番初めに就職試験を受けた会社が電通だったのです。

僕が試験を受けた当時は、事前試験と会社に集まって行う試験の2種類が存在していました。事前試験では、あらかじめ送られてきたスケッチブックに「誰もが座りたくなるような椅子を描け」などの大喜利のような課題が4つ出題されました。その後、会社で受けた試験では、架空の会社の「テレビCMの絵コンテ」や「ロゴマーク案」「新聞原稿のラフ」などの課題が出題されたのを覚えています。結果、電通から内定をもらえたため、新卒では電通へと入社しました。

学生は変な趣味を持つべき

僕は、「学生時代に趣味で変なことを色々やっていて良かった」と思っています。趣味でずっと変な映像をつくっていましたが、結果的にそれが就職活動ですごく役に立ちました。なぜなら他の学生とネタが被らなかったからです。実際、僕も電通で就職試験の作品チェックを

していたこともありますが、企業に提出したポートフォリオが授業の課題としてつくった作品ばかりだと、当然、他にも同じ学校から同じ就職試験を受ける学生がいるわけで、雰囲気で「ああ、学校の課題かコレ」と企業側も把握できてしまうわけです。そうでなくても、課題ではお題が同じなので「人と同じようなことをやっている人」と思われてしまうのですね。そんな事態を避けたいのなら、学校とは関係ないことも積極的に取り組んでいくべきだと思いますね。

あらゆる境界線が曖昧な現代。生き抜くには

僕自身、アニメーションだけでも、企画や演出、脚本やデザインだけでも、一つひとつのスキル単体では自分より優秀な人がたくさんいて、勝負していく自信がないのが本心です。でも「企画・演出ができてアニメーションがつくれる人」で、さらに「バカ映像枠」であれば競合がだいぶ減るのかなと思って、ギリギリ勝負できるのかも、とも思っています。だからこそ、自分が勝負できると思うものを複数持って組み合わせで勝負することを意識して活動するといいと思います。

また、自分がすごいと思う、好きだと思うものをつくっている人の下で仕事をするのが(それが無理なら近くをうろちょろするだけでも)成長の近道かなと思っています。すごい人のそばで「ここまで粘って考えるのか」「こんなにたくさん考えるのか」「ここまで自分でやるのか」というのを目の当たりにすることで、自分の仕事のクオリティーに対する基準値がどんどん上がっていくと思います。とても大変ですが。逆にそこそこでいいやというスタンスの上司と仕事するのはとても楽ですし、楽しく働けますが、成長もそこそこになると思います。

最後に、先輩や成功した人の話は、その本人にしか再現性がないと思います。だからうのみにはせず、あくまでも参考程度に留めておくのがいいかと思います。うまくいかない時に「話が違う!」と思ってしまいますしね。これだけ話しておいてなんですが、僕の話も、全てうのみにはしないでくださいね。

たとえ遠回りをしたとしても、
やりたいことをやるほうが絶対に良い。

博報堂
monom代表/クリエイティブディレクター/プロダクトデザイナー
小野直紀 Naoki Ono

1981年生まれ。2008年京都工芸繊維大学建築意匠コースを卒業し、同年博報堂入社。2015年に博報堂社内でプロダクト・イノベーション・チーム「monom(モノム)」を設立。手がけたプロダクトが4年連続でグッドデザイン・ベスト100を受賞。社外ではデザインスタジオ「YOY(ヨイ)」を主宰。その作品はMoMAをはじめ世界中で販売され、国際的なアワードを多数受賞している。2015年より武蔵野美術大学非常勤講師、2018年にはカンヌライオンズのプロダクトデザイン部門審査員を務める。2019年より雑誌「広告」の編集長に就任。

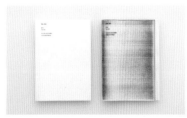

オリジナル版とコピー版を同時発売「広告 Vol.414 特集：著作」

全680ページを1円(税込)で販売「広告 Vol.413 特集：価値」

ウェアラブル英会話教師「ELI」

しっぽのついたクッション型セラピーロボット「Qoobo」

ぬいぐるみをおしゃべりにするボタン「Pechat」

歌詞が映し出されるスピーカー「Lyric speaker」

時間がかかっても、本当に学びたいことを学んだ

僕は大学3年生の時に一度大学を中退し、別の大学に入り直しました。初めに入学したのは大阪大学工学部で、建築を学びたいと思い、入学を決めました。大阪大学では1年生の成績順で2年生以降の学科を振り分けられるのですが、僕は成績が悪くて、望んでいた建築分野には進めませんでした。別の分野に進みましたが、その分野には正直ずっと興味を持てず、いつまでも勉強に面白味を感じることができなかった。だから大学3年生の時に、大学を休学してアイルランドへ語学留学に行くことにしたのです。

ヨーロッパでは、就職後に大学に入ったり、別の大学に入り直したりする人が多いんですよ。やりたいことがあればやってみたらいい。その雰囲気が当たり前に広がっていて、衝撃を受けました。その経験から、時間がかかっても本当に学びたいことを学ぼうと決め、大阪大学を中退。京都工芸繊維大学の建築学科に編入することにしました。

小野直紀の就職活動

京都工芸繊維大学で3年生になった頃、僕の年齢はすでに25歳でした。大学卒業後の進路について考え始めた時、一度社会勉強も兼ねて就職活動をしてみようと思い、その準備を始めました。モノをつくることは建築に問わず、大好きだったので、就職先は何かモノをつくれる会社が良いと考えていました。

そして、会社のリサーチを進めていく中で、大阪大学時代の先輩に電通などの広告会社に就職した人がいることを思い出したのです。それがきっかけで、広告会社の就職試験を受けてみることに決めました。その中の会社の一つが博報堂でした。博報堂の面接試験では、アイルランドに語学留学したことや2つの大学に入学したことなど、包み隠さずありのまま、思っていることを話しました。「たとえ遠回りになるとしても、やりたいと思ったことに対して、僕は行動を起こします」そのように話したのを覚えています。そしてその後、博報堂と縁があり、入社することを決めました。

一つのCMに心動かされ、クリエイティブの道へ

博報堂には総合職で入社し、初めは空間コミュニケーションのチームに配属されました。その部署は、EXPOやモーターショーなどの大がかりなイベントを手がける組織でした。モノづくりに関わりたいと考え、博報堂に入社を決めた僕の中には、正直この配属には面食らった部分もありました。しかし「与えられないならば、自分自身で積極的に動こう」と決め、会社の同期たちと一緒に、広告賞に積極的に参加していきました。そして入社3年目の6月に、ヤングカンヌのメディア部門の日本代表に選ばれ、カンヌに行かせていただくことになりました。そこで見た広告たちに、僕は強く心を動かされたのです。

特に印象に残ったのがトロピカーナのオレンジジュースのCMです。内容は、冬の間、一日中太陽が昇らない期間のある、暗いカナダの街で、バルーンを使った人工太陽を打ち上げる。そして、それを見に来た人たちにオレンジジュースを配る模様を描いたものです。そしてこのCMの最後に「いい朝は、いい1日をつくる（意訳）」というコピーが流れるのです。このCMを見て、僕はすごく感動しました。「ただ面白いことをやれば良いのではなく、なぜその面白いことをやっているのか」。面白いことをやる理由の重要さを痛感したのです。また、このCMから言葉の力の重要性も実感させられました。そのため、帰国後すぐにコピーライターになりたいと思い、入社4年目の秋にコピーライターとして、クリエイティブ職へと転属しました。

また、クリエイティブ職に転属したのとほぼ同時期に、会社の外部でYOY（ヨイ）というデザインスタジオを立ち上げました。このYOYでは「会社や社会と切り離して内発的な衝動からモノづくりをする」ことを目指し、モノづくりを行ってきました。一方で、このYOYでの経験が反動になってか「広告会社として、社会のためのモノづくり」をしていきたいと思うようになりました。そこで、博報堂でモノづくりをするチーム、monom（モノム）を立ち上げたのです。

monomのメンバーには、アートディレクターは在籍していません。monom内の各プロジェクトに適したアートディレクターを社内からアサインする形をとっています。それはなぜならば、アートディレクターは何でもできる人ではないと考えているからです。時代がものすごいスピードで変化する中で、アートディレクターの職能も大きく広がっています。だから、一口にアートディレクターといっても、それぞれに得意な分野があるのです。そのため、各プロジェクトの特性を見極めた上で、アートディレクターは個別にアサインをしています。

焦らずにやりたいことを見極める

僕が一緒に働いてみたいと思う学生は、社会に順応しなさそうな人ですね。学生の時点で、もう広告っぽい作品を見せられると、普段そういうものばかり見ているからか、良い点を見つけにくいのです。それよりも全然違うもの。「社会に出たらこんなこと簡単にできない」というような自由奔放な作品をつくる人に興味が湧きますね。

また、就職活動中に僕がすごく救われた言葉があります。それは「BOREDOMS」というバンドのギタリストの山本精一さんが答えた、とある質問への回答です。その質問とは「精一さんは20歳の時に何をしていたんですか？」というもの。これに対し、精一さんは「覚えてへんな。俺、物心ついたのが30歳くらいやから」と答えていました。僕がこの言葉を聞いたのは26歳の頃でしたが、すごく勇気がもらえたのです。今や、人生は100年時代と呼ばれています。そう考えると、20代の間なんてまだまだ全然若くて、バカでもいい。焦る必要はないし、急いで就職する必要もないと思います。就職することも大切な経験の一つですが、それ以上にやりたいことがあるのなら、それにのめり込んでいいんです。「やりたいことをやる」という姿勢を持って、興味を持ったことに積極的にトライして、それらをどんどん実現していってください。

世の中を、未来を動かしたい。
そう啖呵を切ったから、必死になれた。

電通
アートディレクター/OPEN MEALS ファウンダー
榊良祐 Ryosuke Sakaki

1980年兵庫県生まれ。金沢美術工芸大学デザイン科卒業。2004年にアートディレクターとして電通入社。様々な企業の広告ブランディングを手がけ、グッドデザイン金賞はじめ国内外のクリエイティブアワードを多数受賞。2015年「22世紀の幸福な食文化共創」を掲げるフードテックアートコレクティブOPEN MEALSを率い、国内外でのアートプロジェクトや企業共創を推進。2020年に未来具現化専門チーム"Future Vision Studio"を創設し代表を務める。

寿司シンギュラリティ/OPEN MEALS

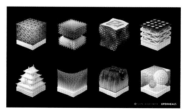

寿司シンギュラリティ「寿司CG」/OPEN MEALS

PIXEL FOOD PRINTER/OPEN MEALS

社団法人space foodsphere「2040年の月面食産業」
単独の食事ソリューション

サイバー和菓子/OPEN MEALS

北海道ボールパーク
「ボールパーク開発プロジェクト」
/ファイターズスポーツ&エンターテイメント

学生時代の作品
新しい広告メディア「パック・アド」

絵への自信がきっかけとなった美術への道

私は幼い頃から絵を描くことが好きでした。描いた絵を見せては、よく身近な大人に「絵が上手だね」と褒められていました。私が通っていた中学校では、毎年りんごのデッサン大会が行われるのですが、そこでは校内で一番を取ることもできました。このような学生時代を過ごしていたので、漠然と自分の絵の才能に自信を持っていたのです。

そして高校生になり進路に悩んだ時、得意であった絵を描くことをなりわいにしようと考えました。そこから美大へ進むことを志望し始めます。そして、一度美術の先生に相談をしてから、すぐに予備校のパンフレットの確認まで済ませて、その日その足で兵庫県の学校から大阪へ出発し、予備校の見学に一人で向かったんです。そしてそのまま、大阪の予備校に通うことを決めました。それまでは自分の絵にすごく自信があったので、意気揚々と授業へ臨んだのですが、そこにいたのは粒ぞろいの受講生たちばかり。彼らと出会い、自分の才能が特別ではないことを思い知らされました。そこで改めて自分の実力をかみ締めて、予備校で勉強を続けていき、金沢美術工芸大学デザイン科へ入学しました。

課題で提出したのは、作品ではなくイベント企画

大学では、作品形式が限定されず幅広い分野の作品に取り組めると思い、視覚デザインの分野を専攻しました。大学生活の途中までは、ただひたすら様々な作品の制作に没頭していました。しかし、大学3年生の頃に「なぜ自分はモノづくりをしているのだろう？」と、ふと疑問に思ったのです。自分が死ぬ気で徹夜してつくった作品でも、一旦そのプレゼンや発表が終わると、急にその作品への興味を失い、次のプロジェクトへの興味しかなくなってしまう。作品への愛着があまりないことが不思議で、その理由を考えるようになりました。そして気づいたのは、自分にとって、作品づくりは人の心を動かすためのツールであるということ。本質的にやりたいことは、人や社会を動かすことで、今でいう「コミュニケーションデザイン」に携わりたいと気づいたのです。

その後3年生の後期授業で、課題を提出しなければいけなくなったのですが、そこで形ある作品ではなく、イベントをやりたいと考えました。「謎解きをしながら、校内に隠された宝を探すオリエンテーリングゲーム」。これを企画したのですが、「ここは美大だから、モノをつくらないと評価できないよ」と教授には言われてしまって。至極当然のことですよね（笑）。でも私も譲るつもりはなかったので「人の心を動かすことをしたいんです！」と必死に説得と交渉を続けました。そして、そのゲームに使用する謎解きの紙と校内の地図を評価してもらうことで、なんとかイベントを開催することを許可してもらいました。

そこからイベントを実施するために動き始めたのですが、イベント当日までものすごく不安でした。「人の心を動かしたい！」と教授や周りには啖呵（たんか）を切っていましたから、生半可な形で見せるわけにはいきませんでした。だから、これまでのどの制作よりも必死に準備に取り組みました。そのかいもあってか、イベント当日は教授たちをはじめ、参加者全員が楽しんでくれて、なんとか無事に終えることができたのです。それまでは理解を得られていなかった教授たちにも、「こんな作品の表現もあるのか」と、気づきを与えられたこと。そして、それまで否定され誰にも理解されなかった自分の行動が多くの人に認められたこと。この時に得た達成感は、今になっても忘れることができません。私の今までの人生で一番の成功体験だったと思っています。

「新しい広告の次の形」を求めて

このイベントの成功体験を経て、就職活動では、テレビと広告業界に絞りました。「人の心を動かしたい」。この思いが冷めることはなく、社会人になっても続けていきたいと考えたからです。就職活動をしていた当時は、佐藤可士和さんや米村浩さんの名前が世間に広まり始めている頃でした。彼らの広告を見て、今までとは違う新しい広告の時代が到来していると感じたのをよく覚えています。そのような仕事ぶりに憧れを抱きましたが、そっくりそのまま同じようになりたいとは思いませんでした。アップデートされた新しい広告は、その次に一体どんなふうに変わるのか。そこに興味があったんです。「新しい広告の次の形」を求めて、私は電通へ入社しました。

アートディレクターの仕事の2軸

私はアートディレクターの仕事は2軸に分けられると考えています。その分け方とは、アイデアを横に広げるのか、もしくは深掘りするのか、ということです。これまでは、一つのアイデアをどれだけ深化できるのかが重要とされてきました。アイデアの精度やアウトプットの美しさ。これらのクオリティーを追求することが強く求められていたと思います。しかし、これからは深化するだけではこと足りません。アイデアを横に広げていくこと、つまりどれだけ多くの人を巻き込めるのかもとても重要なのです。もっと具体的にいうと、高度なテクノロジーなどの未知のモノをわかりやすく可視化していくことでしょうか。大衆にとって、未知のモノが身近になるように、アートディレクターはその手腕を発揮していくことが求められるのではないかと思っています。

未来を導くのは、自分だけの妄想

私は、未来はいつも一人の変人の妄想から始まると考えています。そして、その妄想が大衆に認められることで社会は良い方向へ変わっていく。そう思っています。そのため、学生でいられる間は好きなことに多くの時間をかけてほしいですね。そこには自分が一番大切に思っていることが眠っているはずです。それを見つけ出すことができれば、きっと見えてくる世界が変わっていくでしょう。この先の未来をつくっていくのは、皆さん自身です。どうか自分だけの妄想を膨らませて、より良い未来に導いてください。

誰かのまねや勉強も大切だけど、
自分の好きを一番深く掘ってほしい。

アートディレクター/グラフィックデザイナー
川上恵莉子 Eriko Kawakami

1982年東京生まれ。東京藝術大学卒業後、ドラフトを経て、2018年より独立。主な仕事に「RURU MARY'S」ブランディング、NHK連続テレビ小説「半分、青い。」タイトルバック
アートディレクション、「LAFORET XMAS」グラフィックデザインなど。グラフィックデザインを基軸に、商品開発、パッケージ、装丁、プロダクト、空間と活動は多岐にわたる。主な受賞歴は、
JAGDA新人賞、JAGDA賞、ADC賞など。

「RURU MARY'S」/AD+D/2017-2018/メリーチョコレートカムパニー

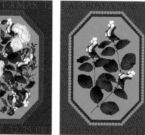

「LAFORET XMAS」/AD+D/2020/ラフォーレ原宿

「Graphic Design in Japan 2020」/AD+D/2020
/日本グラフィックデザイナー協会

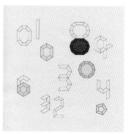

学生時代の作品

40

どうすれば仕事に就けるか
わからなかった

　私は東京藝術大学に通っていたのですが、計画的に就職活動に取り組んでいたわけではありませんでした。当時、学校では就職活動に関する情報共有もあまりなく、仕事に就く人は就くし、作家になる人はなる、というような環境だったのです。私はというと、デザイナーになりたいとは考えていたのですが、デザイン事務所でアルバイトをする方法すらもわからなかった。「どうやれば学生の時から現場でアルバイトができるんだ」って、一人で悩んでいましたね。みんながどこで働き先を見つけてくるのか、全然わかりませんでした。そして焦った挙げ句に、家の近くにあった建築事務所に「アルバイトさせてください！」と無理やり頼み込みに行ったこともありましたね（笑）。

　そんなふうに根本から就職についてはたくさん悩んで、最終的に、資生堂1社だけを受けました。でも結局資生堂の就職試験は不合格。そして、そのまま大学を卒業しました。卒業後、半年くらいは作品づくりに徹して、コンペに出したり、尊敬しているデザイナーの方に作品を見てもらったりしていました。その後、デザイン会社で半年くらいアルバイトをしました。新卒枠とは違い、デザイナーの募集を探すと、ほとんど全ての会社が「経験者のみの採用」だったので、とても苦労したのを覚えています。結局採用してくれた会社も「経験者のみ」だったのですが、アルバイトとして働き始めることができました。

アルバイト時代を経て
たどり着いた会社、ドラフト

　その後ドラフトへ入社することになったのは、大学時代の先輩に、ドラフトがアルバイトを募集していることを教えてもらったのがきっかけでした。初めはアルバイトとしてドラフトに入社したのですが、1年くらい経った頃、私が担当していた仕事がなくなってしまい、ドラフトでの行き場をなくしてしまったのです。困っていた矢先に、当時ドラ

フトに在籍していたアートディレクターの富田光浩さんに新しい案件が入ったことを知りました。自分の行き場を新たにつくるためにも、ぜひ仕事の手伝いをしたいと、富田さんにお願いをして、しばらく一緒に仕事をさせていただきました。それを契機に、自分がこの会社で正社員になりたいことを上司に伝え、2008年に正社員としてドラフトに入社しました。

　ドラフトでは、たくさんのアートディレクターがそれぞれの個性をもって、仕事をしていました。表現も、つくる方法も、考え方も人それぞれで、その人たちと仕事をすることで、私自身もとても影響を受けたと思います。現在私はフリーランスとして仕事をしています。そうなった今でも、「感覚や判断を共有できる人とチームをつくり、影響し合うような環境づくりをする」、というような、ドラフトで学んだことは忘れずに心がけていますね。

仕事の言語化と
届ける相手のことを考える

　私は仕事をする上で、自分がやっていることを明確に、言語化することを大切にしています。新しい仕事が生まれるまでには「自分がやっていることやこれまでやってきたことを見た誰かが、自分を評価してくれた上で、新しい仕事を依頼する」という過程があると思います。だから、仕事をする上では、自分が何をやっているのか、やってきたのかをきちんと把握していることがとても大切であると考えています。

　それから、自分の仕事がどこに届いているのか。このこともすごく気にしていますね。昔、とある広告の仕事をしていた時に、東京でつくった広告を福島県のデパートで掲示する機会がありました。その際に、東京で広告をつくった時のイメージと、福島で実際に広告を掲出した時の印象が全然違っていたのです。当時の私は、広告が置かれる場所の重要性にまだ気づいていなくて、制作した場所と変わらないものだと考えていました。でも、広告は必ず誰かに届けるものなんですよね。そうである

以上「それを見た人たちに、何を届けて、どのような反応を見たいのか」。つまり、双方にコミュニケーションが成り立つような設計にしなければいけないのです。この福島での仕事以降、私は今でもこれらのことを大切にすることを心がけています。

「それふうなもの」よりも、
自分が好きなものに
たくさん触れておいてほしい

　時折、学生の方のポートフォリオを見る機会があります。それらを見ていて私が感じることは、「それふうなもの」がすごく多いということです。すでにできあがっているものを参考にしてつくった作品を提出する人がすごく増えていると思います。これは決して、自分の好きな作品や憧れのクリエイターがつくった作品をまねたり、勉強したりすることが悪いということではありません。もちろん、それらが必要な状況もあると思います。しかし、そればかりでは何よりももったいないですよ。同じような形からつくるだけではなく、手探りで自分が興味あるものを見つけて、自分の手で深く掘っていく。そういうつくり方からでしか気づけないこともあるはずです。だから、就職活動のために作品をつくるよりも、自分が興味を持ったものを自分のものにしていくように、創作活動をしてほしいと思います。

　また、自分の専門分野以外の人たちとコミュニケーションをとって、一緒に創作活動をしたり、人脈を広げていくことも楽しんでほしいです。私自身、卒業してから、もっと色々な人たちの作品や考え方に触れていたら、自分のつくるものも、今とは違っていたのかもと考えることもあります。やはり、社会人は学生ほど自由な時間は多くありません。何かにとらわれないことは、学生の間だからこそできることです。だから今ある1分1秒を大切にしてください。自分が好きなことをたくさん経験して、悔いのない学生生活を過ごしてほしいです。

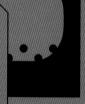

IN-HOUSE

2

JOB HUNTING CREATORS

インハウス
クリエイターの就活

Job Hunting Histories of In-house Creators

3人のクリエイターの方々によるインハウスデザイナーに
なるための就活の話。メーカーによってそれぞれ求められ
ていること、面白がってもらえることが異なります。どんな
メーカーであれば自分に向いているのかをしっかり見極め
るために、ぜひ参考にしてみてください。

-Interv
-Works ↗

P42_P49

Masaki Hanahara
@SHISEIDO

Aki Kanai
@KOKUYO

Hajime Hirono
@DesignShip

IN-HOUSE
IN-HOUSE   3 IN-HOUSE CREATORS
IN-HOUSE
Companies   IN-HOUSE
SHISEIDO   IN-HOUSE
KOKUYO   IN-HOUSE
DESIGNSHIP   IN-HOUSE
IN-HOUSE

KURI-KA
KURI-K

資生堂
クリエイティブディレクター

花原正基 Masaki Hanahara

SHISEIDO

1979年福岡県生まれ。長崎大学工学部に入学。その後、九州芸術工科大学へ進学。2005年に資生堂宣伝部に入社。マキアージュや企業広告のアートディレクションを担当。2019年に渡米、ニューヨーク在住。現在、グローバルブランドSHISEIDOのクリエイティブディレクターを務める。近年、自身のポスターシリーズ10作品がポーランドの国立美術館のオフィシャルコレクションとして収蔵された他、世界三大広告賞であるOne Showで金賞3回、ニューヨークADC賞金賞、D&ADのウッドペンシル、JAGDA新人賞など他多数の賞を受賞している。

S/PARK

挑戦を続けることが、自分自身を大きく成長させる。

建築からグラフィックの領域へ越境

大学は美大ではなく、長崎大学の工学部に進学し、学生時代は土木を学びました。土木には、デザインの概念がほとんどありません。トンネルや道路がその環境に適し、構造上安全に建築できるのかが重要になるので、物理と数学が中心にある世界です。なぜそこに進学したのかというと、僕は当時建築家になりたかったのです。その思いで大学に入学して、卒業後はさらに九州芸術工科大学に研究生として1年、大学院生として2年通いました。グラフィックデザインをやろうと思ったのは、この大学院に通っていた時でした。

当時、自分で考えた建築のプレゼンテーションボードをつくる際に、「人にもっと適切に伝えるにはどうしたらいいか」や「このコンセプトはどうすればうまく伝わるだろうか」など、「魅力的に人に伝える方法」をよく考えていました。それを続けていたら、いつの間にか建築よりも、グラフィックデザインのほうに興味関心が移ってしまっていて。そこから、グラフィックデザインの世界に足を踏み入れ始めました。

花原正基の就職活動

就職活動の時には資生堂の他にも、いくつかの広告業界の会社の就職試験を受けました。ポートフォリオとして提出していたのは、自分が趣味で撮った写真をまとめた写真集でした。学生時代、旅行と写真が好きで、よく旅行をしてはそこで写真を撮っていたのです。その中で特に印象に残っているのは、長崎の軍艦島で撮影した写真ですね。今働いている資生堂にもこの軍艦島の写真集を提出したのを覚えています。

そのような学生時代を過ごしていたので、資生堂に受かったのは今でも人生最大の奇跡だと思っています（笑）。なぜ美大や芸大出身ではなく、建築の勉強をしていた自分が受かったのか…。あえて理

由を挙げるなら、当時の僕が制作することに対してピュアだったからでしょうか。冷静に考え直してみると、美しいものを扱う化粧品会社の面接に、よく廃墟の写真を提出したなと思います。そういうことに対しての配慮を今ならしてしまいますけど、当時の僕はそのことが頭から抜けているくらいピュアに「自分らしさ」をアピールできたのかなと。それが功を奏したのかもしれません。また、これは計算した上ではうまくいかないことだとも思います。面接官の方も手だれですから、きっと見透かされてしまう。たとえ無知であったとしても、拙かったとしても、真っ直ぐに自分の思いを伝える。そのことの大切さを感じますね。

資生堂入社1年目に経験したこと

資生堂に入社すると1年近くひたすら資生堂書体（資生堂に伝承されるフォント）のレタリングを行う期間があります。資生堂書体には資生堂の美学が凝縮されていると言われています。基本的な文字のルールがあるのですが、それはあくまでお手本でしかありません。そのルール

Black and Red

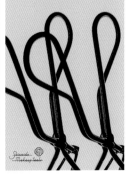

Makeup Tools

Ginza window display

と資生堂の美の感覚を捉えた上で、自分の個性やプロモーションの雰囲気に沿って応用していく。「美の答えは自分の中で導き出しなさい」という考えを学ぶのです。

　広告会社に就職した友人たちは入社1年目からバンバン仕事を任せられていたので、当時はレタリングばかりしていることに焦りを感じていました。でも今考えると、この期間は僕にとって本当に良いものだったと思います。美大に行かなかったので、レタリングを通して基本的なタイポグラフィの知識を学ぶことができましたし、そもそも文字に興味を持つきっかけになりました。それにレタリングは手書きで行うので、手を使ってクリエイティブを起こしていく感覚的なものも吸収したように思います。

「粘り強さ」は
クリエイターの大切な素養

　よく失敗した経験はあるかと聞かれることもありますが、成功と失敗についてはその捉え方と分析が重要なのだと思っています。どの点が成功でどの点が失敗なのか。プロセスやスケジュールは間違っていないかったのか。たとえうまくいかなかったことも、正しくその要因を分析できていれば、未来の成功につなげることができます。粘り強く我慢し続けることで、状況が好転することが僕の経験では多くありました。そのため「粘り強さ」もクリエイターの素養の一つと言えるかもしれませんね。何事もそうですが、続けることが一番難しいことですし、僕自身もJAGDA新人賞を受賞するまで9年かかりましたから。就職活動はそんなに長くやるわけにはいきませんが、その短い時間の中でも粘り強さが大切だと思います。

ひたすら挑戦し続けることが
自身の成長につながる

　学生の皆さんへのアドバイスとしては、若い時期に海外での経験をしておくと、将来きっと役に立つのではないかと思います。言語も価値観も違う人たちと、一緒に考えたり行動したりすることは、誰にとってもとてもいい刺激になると思います。今僕は資生堂のNYオフィスにいるのですが、日本人はほとんどいません。出身もアメリカやその他の国々の人が多く、まさにダイバーシティの中でクリエイティブを実践しています。そのため自分の思いが英語でうまく伝えられず、もどかしい思いをしたことも何度もあります。これからは英語やグローバル感覚はクリエイティブ業界にいても必須のスキルになっていくでしょう。もし留学に行けるチャンスがあるならぜひ今チャレンジしてみるといいのではないかと思います。

　また、グローバルがキャリアの土台になるとその先の可能性は格段に広がります。若いうちから早々に、世界に向けて勝負をしていったほうが、絶対にその先も面白くなるはずです。自分が挑戦したいと思った場所へどんどん飛び込んで行くことを強くおすすめしたいですね。それを続けるうちに自分が大きく成長できていることに、あとで振り返った時に気がつくと思います。とはいえ、僕も最初からこのような考えを持っていたわけではありません。ここに至れたのも資生堂に就職し、貴重な仕事にたくさん携わらせていただいたからこそ。そうやって今日まで、自分の目標や考えをアップデートしてこれたのだと思っています。

Masaki Hanahara @SHISEIDO

コクヨ
アートディレクター

金井あき Aki Kanai

KOKUYO

1983年東京生まれ。2008年東京藝術大学大学院美術研究科デザイン専攻修士課程修了。同年コクヨ入社。空間にメッセージを描く椅子「HELLO CHAIR」でKOKUYO DESIGN AWARD 2014社内特別賞受賞。同作品は2016年に商品化。2018年JAGDA新人賞、東京ADC賞受賞。

THINK OF THINGS ライフスタイルショップのパッケージ

ポートフォリオには自信がなかった。だから自分の値打ちを上げる努力をした。

派手な作品ばかりつくっていた学生時代

学生時代は、本当に自由奔放に過ごしていました。東京藝術大学のデザイン科に在籍していましたが、特に的を絞ることなく、立体や平面など形式問わず、その都度の課題に合わせて自由に作品をつくっていました。今になって思い返してみると、当時はすごく派手な作品ばかりつくっていたように思います。「印象に残らなければ、死あるのみ」という思想に取りつかれていて、とにかく印象に残すことだけ考えていましたね（笑）。自由気ままに自分の好きな色ばかりを使って作品をつくっていました。私が学生の頃、大学では「アーティストを育てる文化」が色濃くあったのです。それも相まって、大衆向けとは言えない作品も多かったですね。だから、商業向けの作品づくりは正直全然できていなかったと思います。

また、私は「ビジュアルよりもアイデアが先行するタイプ」である自覚がありました。さらに、エディトリアルやレイアウトをして物事を整理する作業もすごく苦手だったのです。就職はしたいと思っていましたし、モノづくりでご飯を食べていきたいとも思っていましたが、これらの理由から作品そのものは未熟な点が多いと、自分の中で課題に感じていました。

だから私は「自分の値打ちを上げる努力」にはげむことにしました。例えば、企業のインターンシップや電通主催のクリエイティブ塾、大学院生の時には、ファブリカ（ベネトン主催のクリエイティブ団体）などへ積極的に参加していたのです。当時は、自分のような人材をどのような企業が欲しいのか、よくわかっていませんでした。それを知るためにも、外部イベントへの参加はかなり活発に行っていたことを覚えています。

就職活動での出会い

学生の頃は、とりわけインハウスデザイナーとして働くことに固執していたわけではありませんでした。そもそも、グラフィックデザイナーやアートディレクターになりたいとも決めていたわけでもなく、漠然とクリエイターになることを目標にしていました。だから、デザイン事務所や制作会社、広告会社など幅広く就職試験を受けるつもりで、メーカーに入ることは全然考えていなかったのです。そのため、コクヨと出合ったのは就職活動をしていく途中のことでした。当時のコクヨはプロダクトデザイナーと空間デザイナーのみの採用でしたが、コクヨの担当者が「気にせず受けてみたら」と言ってくださったのです。そういった開かれた雰囲気にも魅力を感じて、コクヨの就職試験を受けました。

自分の仕事を通して、人の何かに貢献したい

現在は、新しいコクヨのイメージにつながるプロジェクトのビジュアルづくりに携わらせてもらっています。以前は家具部門で法人向けの販促商材の設計を行っていました。今は一部門のセールスのための商材をつくるというよりも、コクヨ全体に目を向ける仕事を担当することが増えてきましたね。

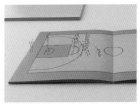

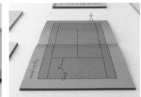

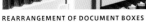
REARRANGEMENT OF DOCUMENT BOXES

東京の、新しいページをひらこう。

どのような仕事を担当する際にも、私が意識するように心がけているのが、「悩んでいる人や困っている人たちのために自分ができることは何なのか？」という視点を持つこと。これをいつも大切にしています。デザイナーとして、難しい情報をわかりやすく伝えるためのデザインの作成や、消費者のニーズに合うビジュアルを考えることもそうです。常に自分の仕事を通して、人の何かに貢献できることを心がけています。そのためにも、小さなことを地道にコツコツ積み上げていく心づもりは忘れないようにしています。

インハウスクリエイターとして働く利点

クリエイター以外にも多くの人が働いていることは、メーカーの一番の特徴で、そこが良い点でもあるし、そうでない場合もあると思っています。良い点は、自分たちとは異なる職能を持つ人たちと仕事をする機会も多いので、自分を見つめ直す機会が多いことですね。「クリエイターであること」を客観視できますし、クリエイター同士では味わえない刺激を受ける機会もあり、その辺りがすごくプラスに作用して

いると、私は感じています。

逆にマイナスな点としては、クリエイティブが中心な組織ではないため、クリエイティブ領域の話題については積極的に自分から動かなければいけません。常に社外での話題にもアンテナを張っておくことが重要で、外部のコンペにも積極的に参加するようにしています。また、社内に仲間をつくっていくこともとても大切なことです。今の私があるのも、会社の仲間の支えがあってこそだと強く思いますし、仲間づくりはしっかり頑張るべきだと思います。

デザイナーこそ、社会を知る必要がある

私が所属していた大学院の研究室の先生は、学生の自主性を重んじる方で、すごく親身に物事を教えてくれるタイプの人ではありませんでした。そんな先生が一つだけ、何度も繰り返し教えてくれたことがあります。それは「社会を知りなさい」ということです。今社会はどのような状態で、何が求められているのか。それを知らなければ、社会の役に立つデザイナーになることはできない。そう教わり、当時学生だった私はいつも国内外の新聞を読んで、社会

を知るようにしていました。その経験が今の私にもすごく役に立っています。学生時代は表現を磨くことに走ってしまいがちな人が多いかもしれませんが、社会を知るための広い視点を持つことも意識してほしいと思います。新聞に限らず、様々な手段で情報を取得できる時代ですから、それらをうまく活用してほしいです。

また、恥ずかしさや失敗を恐れないで、たくさんの体験をやり尽くしてください。学生の頃の失敗はたいして後に残りません。だからこそ、考えすぎて、結局何にも挑戦できなくなるのは、すごくもったいない。限られた学生時代にたくさん失敗して、たくさん恥をかいてほしいと思います。それは、就職活動でも同じことです。その最中には、様々な大人に出会うかと思いますが、そういう人たちにどう思われるかは全く気にしないで！面接官もただのおじさんやおばさん、そう思うぐらいのスタンスでいいんですよ。私自身も就職活動をしている時は、情緒不安定になってしまっていたので、緊張する気持ちはすごく共感できます。しかし、就職活動はあくまでスタートに過ぎません。だから気負わず、自分の思うまま、自由奔放に駆け抜けていってほしいです。

Aki Kanai @KOKUYO

47

デザインシップ
Webデザイナー

広野萌 Hajime Hirono

早稲田大学文化構想学部卒。2014年ヤフー入社。2015年オンライン証券FOLIOを共同創業。Chief Design Officerに就任。2018年デザインシップ設立。代表理事に就任。法律・医療・自動運転・エンタメなど幅広い業界の新規事業を立ち上げ、デザインを支援する。主な受賞歴にOpen Hack Day 2 最優秀賞、Mashup Awards 10 優秀賞、Mashup Awards 11 優秀賞、Hack Day Japan 2016 グランプリなどがある。

Designship

「狭い視点」と「広い視点」を持って、様々な領域を横断してほしい。

誰よりも自分のために、わかりやすいデザインが必要だった

　小さい頃から、動画と音楽をつくることが好きでした。父親が動画関連の会社を経営していたので、カメラの使い方や動画作成などには慣れ親しんでいたのです。また、バイオリンを習っていたので、暇な時には作曲も行っていました。そして、高校でパソコンを手に入れてからは、パソコンを使って短編映画や曲づくりに没頭するようになりました。

　大学は早稲田大学の文化構想学部構想学科文芸・ジャーナリズム論系に入学し、現代思想と現代文学を学びました。その頃になると、より多くのことをパソコン上でできるようになりたいと考えるようになりました。そのため、未経験でも入れるプログラミング関係のアルバイトを探して、1年間プログラミングとWebデザインを勉強したのです。その翌年からはフリーランスとして、様々なデザイン領域の仕事を請け負い始め、そこから僕

のデザイナーとしての活動は始まりました。結婚式の動画作成や作曲、プログラミング、Webデザイン、シナリオライターなど、大学時代からWeb上で様々な創作活動を経験していきました。

　それらの活動をしていく中で、「何かをわかりやすく伝えること」が自分は得意であることに気がつきました。昔からそうなのですが、僕は集中していない状態だと物事の内容を理解できないのです。読書や映画、勉強など、あらゆるものでそれを感じるほど、物わかりが良くなくて（笑）。だから、一言二言で概要がまとめられていたり、イラストや写真などのビジュアルでの補足だったり、「もっと生活のあらゆる場面にわかりやすいデザインがあればいいのに…」と感じることが多くありました。だからこそ、要約するためのデザインの力を自分自身で身につけたいと思うようになったのです。

デザインスキルよりも評価されたのは、説明する力

　就職活動では大学時代に経験した幅広いクリエイティブの分野の中で、何を仕事にしていこうかを考えました。僕は楽しくて効率的なことが好きなので、それが一番当てはまる産業を選ぼうと思い、IT業界に着目しました。そのため、サイバーエージェントやDeNAなど、IT業界のメガベンチャーと呼ばれる企業は一通り就職試験を受けました。それらの企業の中からヤフーを選んだ理由は、お金と人の流れについて広く学べると思ったからです。実は、大学時代の活動の中で一度起業したことがあり、その時の経験から、「お金と人の流れと、その動かし方」を知りたいと考えていました。それを知るには、大きな会社に入るのが一番良い。そう考え、当時は日本で最もユーザー数が多いサービスを運営していたであろう、ヤフーへ入社を決めました。

　また、ヤフーを選んだのには、もう一つ理由がありました。最終面接の際に、大学時代の活動をまとめたポートフォリオを見せた時に、試験官の人に「君はデザインのスキルが乏しいね」と言われたんです。でも、「君には物事をきちん

inShade

FOLIO

INTEMPO

IoTissue

と説明できるスキルがある。今、デザイナーとしてそれは評価されないかもしれないが、この先のデザイナーには絶対に必要なスキルになる。だから、君は合格です」。このように評価をしていただいたのです。それを聞いて、しっかりと自分のことを評価してもらったと思いましたし、未来を見据えて採用を行っているとわかりました。このことも入社を決めた理由になりました。

複数の領域を横断する
必要がある時代の到来

その後デザインシップを設立するのですが、その一番のきっかけはWebデザインの話ができる仲間が欲しかったということでした。当時はWebデザインの話を共にできる人は会社にしかおらず、外部にWebデザインの団体も存在していませんでした。エンジニアやプログラマーのコミュニティーは存在しているのに、なぜかWebデザインにはそれが存在しない。それならば、自分の手でつくろうと思い、デザインシップ（の前身の団体）を設立しました。

そしてデザインシップを設立し、活動を通していくことで感じたことがあります。それは、この先の時代は、一つの領域のスキルだけでは生きていけない日が来る。必ず、「複数の領域を横断することが必要な時代」がやってくるということです。今はテクノロジーを利用することで、誰でも簡単に高水準のクリエイティブに携わることができます。そのような世界で重要になるのが、「ブランドのクオリティー」です。そのクオリティーが高ければ高いほど、ブランドのファンも増えていきます。そして、そのブランドを築いていくにはデザインをする力は必要不可欠なものです。そのため、今後もデザイナー、特にWebデザイナーが活躍できる場面は数多く生まれていくのではないでしょうか。

しかし、だからといってWebデザインだけを極めていけばいいのかというと、決してそうではありません。変化の激しい現代では、その先の未来を予想するのは非常に難易度が高いです。そのため、一つの領域のみを極めていくことはリスクも多く存在するのです。だからこそ、学生の皆さんには複数の領域に興味

を向けてほしいと思います。また、これは決して、「狭い視点で何か一つに特化していくことが必要ない」というわけではありません。職人的に何か一つのスキルを身につけることは、他の領域へ進む際に、とても役に立つ武器になりますからね。大切なのは、複数の視点で周りを見ることです。狭い視点で、とがったものを一つ、自分の中に定めた後に、広い視点で周りの環境を見渡す。一つの視点にとらわれず、状況に応じて視点をスイッチする柔軟さこそが、今の時代を生き抜く鍵になるのではないかと思います。

肩書ではなく名前を語れ

昔、ヤフーの上司に言われた言葉で忘れられない言葉があります。それは、「自分の肩書にとらわれてはいけない。肩書で自分を名乗るのではなく、自分の名前で自分のことを語りなさい」というものです。前述の通り、現代はとても変化の激しい時代です。だからこそ、「自分が時代に合わせて創作するのではなく、時代を自分に合わせる生き方」、これを心がけてほしいと思います。

Hajime Hirono @DesignShip

第一線のクリエイターの就活話を振り返って

第1章と第2章で、計19人の個性豊かな方々の、バラエティー豊かなお話を伺うことができました。

本当に皆さん、キャラクターもバラバラで、それに伴い、つくるものも、デザインに対してのスタンスも、千差万別。

それぞれ様々なことを考え、色々なやり方で、就職活動を戦っていましたね。

19人全ての方々とお話させていただきましたが、

私自身もいちクリエイターとして大変学びが大きいインタビューとなりました。

ここでは、皆さんの話の中で就活に的を絞り、19人の話から傾向をまとめ、

就活における作品づくりやスタンスなどについて重要になりそうなポイントを5つ洗い出してみました。

①作品をたくさんつくる

作品を大量につくれる人は、様々な業務に対して順応していく期待を持たれるので、やはり強いです。

例えば、可士和さんの場合、面接に軽トラックいっぱいの作品を持って行ったり（クリ活1で紹介）、

小杉さんも、「たくさんものをつくれること」自体が個性になっていたくらい作品をつくっていました。

作品をつくることに対しエネルギーや情熱を持つこと、つまり「つくることが好き」ということは、

作品を量産することで最もシンプルに伝わると思います。

②他人に作品を見せる

人に作品を見てもらうということはすごく恥ずかしいものです。

否定されると自信をなくしてしまうのではないかという怖さもあって、

見せるのにはなかなか抵抗があったりしますよね。私もそうでした。

ただ、自分がつくったものこそが最も客観的になりづらかったりするので、

他人からの率直な意見を聞くことは、本当に役立ちます。

えぐちさんも様々な方にOB・OG訪問をされて、

電通に入るにはどのように作品をブラッシュアップしていけばいいのかを、アドバイスを受けながら模索されていました。

そうやって他人の話を柔軟に聞いて、対応できることも大事な能力だと思います。

③作品に対しての説明（思考）力

田川さんや小野さん、広野さんのように、イノベーティブな方々は特に、

思考を整理して、物事を説明することに長けています。

上西さんや川上さんも、自分のつくったものについて、

どのように考えてつくったのかをしっかり説明できることを重要視されています。

就活でもこれはすごく大事で、自分の考えを言語化することは、

思考量と比例します。少なくとも、面接相手にはそう思われます。

ただ、コンセプトは短く端的に、わかりやすくが原則です。

だらだらと理屈を並べられても意図が伝わりづらくなっていくので逆効果になります。

矢後さんは、最近の美大生たちの表現が理屈っぽくなってしまっていることに警鐘を鳴らしていました。

これはまさにこのことで、「思考」と「理屈」を履き違えてしまうことからきていることが多いので、注意が必要ですね。

④自ら動く行動力
窪田さんのように学外のセミナーに通ったり、

金井さんのように会社のインターンシップに参加したり、

イムさんのように、あえて一旦会社を辞めてフリーランスを挟んでみたり、

花原さんのように、建築学科にいながらたくさん旅に出て、写真を独学で学んだり、

色部さんのように、大学を1年休学し、海外へ行って自分の美的感覚を鍛えたり、

皆さん能動的でアクティブです。

本編では紹介しきれなかったのですが、千原さんはある時から自費で毎年パリコレに足を運んでいらっしゃるそうで、

そこで出会った雑誌の編集長と仕事をしたり、人脈を自力で広げていって仕事を獲得していったそうです。

上記の方々のように、自分の生活圏以外のコミュニティーに自ら足を運んで、

他の人とは違う経験や学ぶ場、出会いの場を、自ら手に入れていく努力は、

必ず就活にも活きてきますし、その先のクリエイター人生にも大きな影響を及ぼしていくと思います。

⑤その人らしい個性
今回紹介させていただいた皆さんが総じて持っているものがこれでした。

例えば榊さんやかっぴーさんは、何かモノだけをつくるのではなく、

とにかく周りを巻き込んで、イベントづくりをし、「体験」をデザインしていました。

川腰さんは僕の大学の1学年上の先輩なので、当時の様子をよく覚えています。

川腰さんはひたすらに3DCGのキャラクターを量産していて、

他の人ができない技術を見つけながら、絶対的な「自分色」を出していました。

藤井さんも個性爆発で、周りがカッコいいものばかりつくろうとする美大の中で、

「ギャグ」を武器に、徹底的に個性を出して就活成功した方です。

そうやって自分なりの武器を見つけ、好きなようにモノづくりすることは大変重要です。

楽しそうに自分らしいモノをつくっている雰囲気は、受け手にも伝わります。

「就活用」と無理やり肩を張りすぎず、自分らしく取り組んでいけるとベストですね。

以上5つのポイントで整理しましたが、他にもたくさん参考になる話があったと思います。

そして、改めて就活には明確な答えはないものだと再認識させられますし、

就活とはあくまでも経過点であることがよくわかります。

こうやって本に載るような方々も、当然最初から活躍していたわけではなく、

それぞれ皆さん努力して、もがいて、工夫して、就活して、今に至っています。

読者の皆さんも、19人のお話の中で吸収できそうな部分を自分なりにピックアップして、

ご自身の就活の参考にしていただければと思います。

D

KURIKATSU Second

ART DIRECTION & DESIGN

ART DIRECTION & DESIGN

KURIKATSU Second :
A Job Hunting Book for Creators

2

POR...   ...TORS

若手クリエイターの ポートフォリオ

Portfolios of Young Creators

電通、博報堂を中心に、若手クリエイターのポートフォリオ
を一挙公開！ 人気の就職先に合格した方々の、就職活動
で制作した様々な作品をご覧いただき、自分の制作活動
に役立ててください。

-Interv
-Works
-Studer

ᴾ52 ᴾ77

Satoshi Kohno
Ryuta Yoshida
Naomi Okamura
Nana Fukasawa
Natsuki Akanuma
Takayuki Ichida
Shin Nakamura
Maori Sato
Koichi Yairi
Yumi Katori
Takafumi Kaneko
Rie Takahashi

12 YOUNG CREATORS

ART DIRECTION & DESIGN

KURI-KATSU

電通
アートディレクター

河野智 Satoshi Kohno

多摩美術大学美術学部グラフィックデザイン学科

01

学生時代はどんなことを学んでいましたか?

1、2年次では実技課題を通して絵画史を学び、3年次以降は広告コースに在籍しながらビジュアル表現を探求しました。当然ながら教授は技術や表現を教えてくれるわけではありません。自分の制作物ありきですが、新たな表現の糸口を見つけられなかった自分は、最後まで教授に認めてもらえずつらかったです。「自分が何者か」を教授は学生たちに問いかけていましたが、早くこれを見つけられると良いと思います。僕はまだ探しています。

どのような作品をつくっていたのですか?

ビジュアル表現やグラフィックアートに興味があったため、表現探求ばかりしていました。スープの油膜の反射が美しかったので、それを転用した写真作品を制作したり、逆に反射でなく透過を活かした作品を制作したり。他にはバウハウスの建築図面が大好きで、そこに錯視を持ち込んだ錯視建築のイラストをずっと描いていました。その後、飛行機から地上の建築物が文字に見えたことから、文字に見える建築物に横展開しました。

どのようなことを意識して作品を制作しましたか?

制作の量が質につながると考えていたので、とにかく表現を見つけたらたくさんつくっていました。何をするにせよ、一つの制作に神経を研ぎ澄まし、美意識を高めていけば自ずと見定める力も高まるだろうと。ただ、少し偏りすぎていたかもしれません（笑）。でも不器用で何も持っていない自分には合っていたと思います。他にはプロアマ参加可能なデザインコンペに定期的に出品し、プロが認めてくれるレベルはどこなのかを模索していました。

Portfolio

個性的なポートフォリオをたくさん見ましたが、自分はそんな人間でもなかったので「シンプルでカッコよく、差し替えも簡単、かつただのファイルでないもの」を考えたらこうなりました。表紙と裏表紙のみ製本し、分厚くなっても壊れないよう、ボルトで固定しています。判型はA3変形で、自分が多く制作していたポスターがきれいに見えるサイズにしています。

LIFE

人間のオーラや生命力、その人から醸し出される不可視のものを表現できないかと考え、この定着に至りました。

Carpe Diem

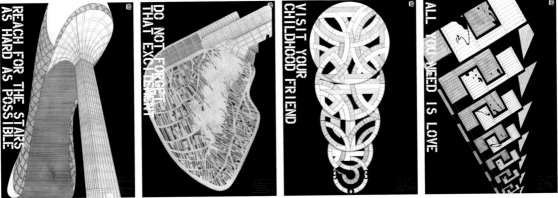

卒業制作です。「Carpe Diem＝一日の花を摘め」という言葉から着想を得て、毎日を大切に過ごすための標語的なポスターを制作しました。各メッセージに関するモチーフをグラフィカルに表現しています。

Architecture Illustration

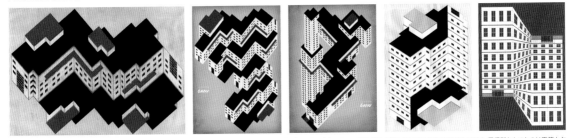

バウハウスの建築図面とエッシャーをはじめとした錯視図形からヒントを得て制作した、天地逆さでも成り立つイラストレーションです。当たり前に暮らしている自分の家をはじめ、居場所なんてものは不確かなものだよなぁ…と思いながら黙々と描き続けていました。

SPICE

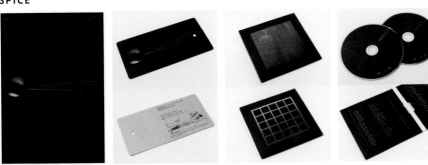

学科の卒業制作展のビジュアルです。デザイン班十数名で制作しました。『デザイン』は社会に必要だが目に見えないものと位置付け、料理における隠し味であるスパイスをテーマに展開しました。キーモチーフはスプーン。スパイスのようにさりげなく主張するよう、銀紙に刷っています。みんなで慣れないながらもつくり上げた思い入れのあるものたちです。

辣油pHOTobooth

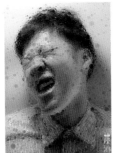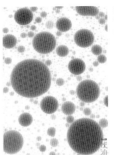

辣油はやはり辛さが売りだということで、辣油食後の辛～い表情を撮影するイベント企画です。ただ撮影するのではなく、辣油越しに撮影することで、見たことのないビジュアルになるのではと思い制作しました。同時に辣油の秘めたるパワーを感じさせるビジュアルも制作しました。

広告会社
プランナー

吉田隆大 Ryuta Yoshida

多摩美術大学美術学部グラフィックデザイン学科

学生時代はどんなことを学んでいましたか？

グラフィックデザイン学科に通っていたので、フォントや色などについて基本的なことは一通り勉強しました。他にもイラストレーションやアニメーションなども少しずつ学んでいました。広告や企画に興味を持ち始めたのは大学3年生になった頃だったと思います。

どのような作品をつくっていたのですか？

大学で学んでいくうちに、自分にはグラフィックデザインの適性がないことに気づきました。ビジュアルで美しいものやカッコいいものをつくることが苦手だったのです。そこで3年生からはアイデアや企画を起点とした立体物を主に制作するようになりました。

どのようなことを意識して作品を制作しましたか？

とにかく、自分で面白いと思えるものをつくることを第一に制作をしていました。そしてその面白さが最も伝わりやすくなるためにはどんな形や色にすればいいかを考えていました。そうすることで逆に周囲から浮いて、珍しがって見てもらえたのかもしれません。

就職活動で気をつけたことはなんですか？

私はとても緊張してしまうタイプだったので、就職活動ではきちんと最初にプレゼンの台本をつくって臨みました。あとは極力話さなくてすむように、見ただけで面白さが伝わるようなものをつくることにも気をつけていました。思えば、苦手なことをどうすればカバーできるかばかり考えていたような気がします。

ムダラボ

作っていたものが小ネタ的なものでしたので、それをまとめるために「ムダラボ」というタイトルを付けました。
バラバラなものにどうやってまとまりを持たせるかということは大事にしていました。

アイデアのあるカレンダー

スマートフォンが普及し、紙のカレンダーなど必要なくなってきた現代。そんな時代でもなんだか持ちたくなる、ちょっとすてきなカレンダーを3つ制作しました。

KOYOBUMI

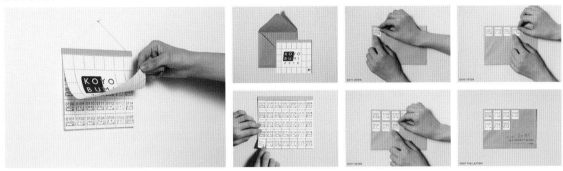

週に一度、大切な人に手紙を送る切手のカレンダー。

障子のカレンダー

1日の終わりに、障子破りでストレス発散。

素数のカレンダー

これ以上割り切れないカレンダー。

気持ちを伝えるデザイン

自分の気持ちを効果的に、ユニークに相手に伝えるためのデザインを考えました。

お守り紅茶

受験生に贈る、紅茶のお守り。

くつしたレター

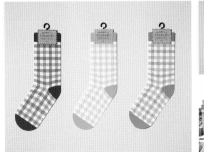

母の日に贈る、ちょっとすてきなサプライズ。

タレ便

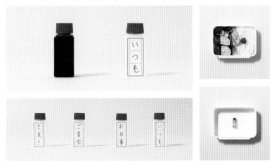

お弁当にのせて伝える、12文字の感謝の気持ち。

電通
アートディレクター/プランナー

岡村尚美 Naomi Okamura

東京藝術大学大学院美術学部デザイン科

03

学生時代はどんなことを学んでいましたか?

藝大では、グラフィックデザインからプロダクト・空間デザインまで幅広く学んでいました。学部2年生の時、ARを使った広告事例(サイネージ上でキャラクターと子どもたちが共演できるというシンプルなもの)を偶然見つけ、「テクノロジーを学べば今までなかった体験をつくれる!」と思い、そこからは学内だけでなく、他大学の工学系の学生と一緒に作品をつくったりプログラミングを教えてもらったりしていました。

どのような作品をつくっていたのですか?

学部生の時は、まだこの世の中にない体験をどうやったら生み出せるかを考えて、鑑賞する作品よりも体験させる作品を多くつくっていました。プログラムを自分でも組んでみたり、プロジェクトベースの作品などを制作する一方で、グラフィックの基本スキルに不安があるまま制作を続けてしまっていたので、大学院ではグラフィックの研究室で本や写真作品などの制作を中心に取り組んでいました。

どのようなことを意識して作品を制作しましたか?

自分の特性の見せ方を一番に意識して制作していました。私の場合は、テクノロジーを活用した企画や、インタラクティブな表現などの特性を見せた方が多くの志望者の中で目立てるのではないかと考え、それらが印象づけられるような構成にしました。また、たくさん説明したくなる作品が多かったのですが、各作品冒頭に「何のための」「どんなものか」を超簡潔にまとめた項をつくり、基本的に1ページ3秒で内容が把握できるようなつくりにしていました。

OPEN POOL

ビリヤードをよりエンターテインメントとして楽しめるように、ボールの位置をトラッキングしてエフェクトを同時生成・マッピングするシステム。
当時作品を一緒につくっていた東大との合同チームで開発し、テクノロジストと協力して一つの作品をつくるいい機会になりました。

デジ考

「東京国立博物館」という課題での作品。先を行くデジタルと過去を掘り下げる考古学が合わさることで、子どもたちが考古学的展示をより楽しく鑑賞することができるのでは、と考え制作しました。

Book Band Bag

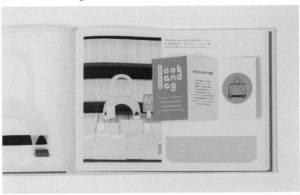

本からコミュニケーションを生み出すために本を見せるカバンの提案。

谷中緑道

商店、観光客、地域住民をつなぐために地元でつくる結婚式の提案。

漬けタスク

To Doリストを、見やすく楽しくするためにタスクを漬け物に見立てて管理するアプリの提案。

CHAIR CHAIR

無科学薬品紙、すっぴん紙の良さを伝えるために紙の落ち葉で五感で楽しむ作品を展示。

Gifty Pack

ネットで色々なものを購入するようになった現在。いつでも品物を手に入れることができる便利さの一方で、「買い物」のもつワクワク感に欠けてしまう面も。ネットでの購入にはつきものの梱包材を、商品を演出するためのものとしてデザインしました。

学生時代はどんなことを学んでいましたか？

「あなたの好きなものは何ですか？」。大学時代に一番聞かれた質問な気がします。すごく難しい質問だなと、当時から感じていました。でも、自分は普段どんなところを見ているのか、どんな時に違和感を感じているのか、ということに言い換えてあげる。自分の中にその時に起こった感情がふわっと過ぎ去らないようにするということをすごく考えさせられた時間だったと思います。

どのような作品をつくっていたのですか？

普段生活している中で疑問に思ったことや違和感を感じたことから発想して、色々なモノに落とし込んだような作品ばかりつくっていました。それはグラフィックデザインに限らず、その着眼が一番伝わる形、モチーフを探すことが好きでした。

どのようなことを意識して作品を制作しましたか？

大学院に進んで、大貫卓也研究室に入って、最初の授業で今までの作品を全部見せました。そうしたら初めて言われた一言が「君は美意識がない」でした。なぜそう言われるのかその時は全くわからなかったのですが、それまではアイデアを思いついたところで終わっていて、着地までアイデアを連鎖させていくことができていなかったのだと思います。そう気づいてからは、細部までアイデアを積み重ねていくことを意識しています。

作品の評価されたポイントはどこだと思いますか？

電通のデザインサマースクールというインターンシップに参加した時、たった15人くらいの中でもどうやったら目立てるのかすごく苦戦しました。そんな中で、自分の好きな世界観や、好きな考え方を人にわかってもらうために絞っていったことが大きかったのかなと思っています。あとは、その時は写真を撮ることが好きで、自分が自信を持てることはアピールした気がします。

就職活動で気をつけたことはなんですか？

ポートフォリオや作品は自分自身を表していると思ったので、たとえ作品数が少なくなってしまっても、人として好いてもらえなかったり、好きな世界観がぶれるような作品は全て削除しました。あとは、自分の作品の考えをわかってもらうために、ポートフォリオのページネーションだったり、プレゼンの仕方だったり、伝えるためのデザインを何度も何度も詰め直しました。

Portfolio

ポートフォリオは自分の分身なので、自分の空気感がポートフォリオ全体から伝わるように意識しました。めくる時の質感やページとページの一呼吸、次のページにくるビジュアルのリズムを大切にしました。カバーから取り出す時にちょうど指を置くところに、指紋をプリントしました。

DENTSU STYLE

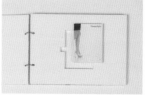

HAKOYA

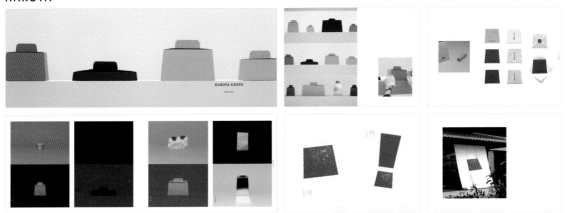

「ケーキの箱の形って幸せの象徴だな」と思ったのがきっかけでつくりました。
ただの箱なんだけどちょっと形が変わるだけで人の気持ちが込められる、そんな人の色々な気持ちを形にしたお店です。

Global Candy

映画などでたまに見る、「あめちゃんあげる」という言葉から思いついたものです。あめを手渡すような距離感からは争いは生まれないのではと、
世界中の大きな媒体に「Let's get along.」と書いたあめの包み紙を貼って、小さなものこそ大きな力を持っているいうことを表現しました。

HIMA

「ひま」という言葉がどちらかというとマイナスなイメージで使われている気がします。でも本当はひまで何もしない時間があるってすごく贅沢なことだなと思いました。
そこで時間をデリするお店を考えました。芝生や砂浜に寝っ転がった時の視点をパッケージにしました。

TOKYO DEPARTMENT PROJECT

気に入った紙袋は何度でも使いたくなるなと思い、これを考えました。だけど老舗デパートの紙袋は名だたるデザイナーたちが手がけているのに、
老舗ゆえにみんな慣れてしまっているのではないかと。そのためグラフィックが一番よく見える形につくり替えることで、またかわいいと気づいてもらえるのではと思いました。

博報堂
アートディレクター

赤沼夏希 Natsuki Akanuma

東京藝術大学美術学部デザイン学科

学生時代はどんなことを学んでいましたか？

積極的に色々なものにチャレンジするようにしていました。工房をたくさん使ったり、シルクスクリーンや違う学科にお邪魔してみたりしていましたね。自分が何をつくることが得意なのかも、学生の頃はいまいちわかっていませんでした。そのため手段や制作方法は問わずに、立体物から、平面・ロゴ、シルクスクリーン、動画、写真など、とにかくつくりたいものをたくさんつくっていました。

どのようなことを意識して作品を制作していましたか？

自分の生活の中での気づきを、作品にできたらなと思っていました。

作品の評価されたポイントはどこだと思いますか？

他のデザイナー志望の方とは違う作品の色だったのかもしれないです。実際の就職活動の際は、作品の現物審査だったのもあって、パソコン作業だけで終わらずに、手にとって感じることができる面白さを伝えられたらと思っていました。

就職活動で気をつけたことはなんですか？

気を強く持つこと！

Earth cycle washroom

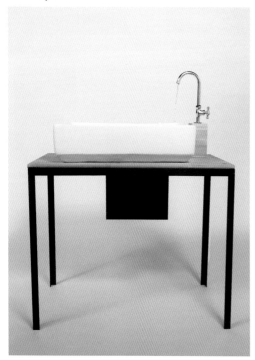

洗面台を地球の水の循環に見立て、有限である水の存在を可視化しました。
溶接から、街の造作、モーターの設置を自分で行いました。

Sexy 糸 girl

糸を使っていくと、女の子の服がどんどんはだけてくるパッケージです。
刺繍では服を描き、その対比を表しました。

日本の風

日本には約2000個もの風の名前が存在しています。1年間をリピートする楽譜に例えて、日本独自の風を表しました。
また、この楽譜をイメージする音楽も、作曲科に依頼して作成しました。

CHIN TOY

温まると、心も温まるメッセージが出てくる、新しい形の手紙です。実際に、電子レンジに入れて温めることで、紙を突き破ってメッセージが飛び出してきます。

干したポスター

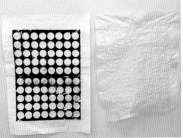

「干す」という文化は中国から伝わってきました。乾燥することによって、渋みがなくなり甘みを強く感じます。
日本ならではの、「寒天」という素材を使用し、「干す」ことによって、人の思いや記憶が凝縮する様をビジュアル化しました。

博報堂
デザイナー

市田啓幸 Takayuki Ichida

武蔵野美術大学造形学部視覚伝達デザイン学科

学生時代はどんなことを学んでいましたか？

ジャンルを決めずに色々な授業を受けていました。授業後はAdobeソフトを使うアルバイトをしていて、実践的な操作スキルが身につけられたのはよかったと思います。また、商品企画や広告のデザインコンペに個人作品を応募するようにしていました。当時の自分にとって良い作品とは、制作技法と同じくらいかそれ以上にアイデアが練られているものだと考えてたので、発想力が試されるコンペを重点的に選ぶことで課題に対するアプローチの仕方を鍛えていました。

どのようなことを意識して作品を制作しましたか？

「視点」と「展開力」です。前者は世の中に対する自分なりの目線をデザインに落とし込み、共感してもらえるか。後者はそのアイデアがどう使われていくか？どう広がっていくか？が自然と思い浮かぶかどうかです。とはいえ、自分の作品が評価された理由には作品数の多さもあると思っています。合成画像はできる限り避けて実物のモックアップをつくるようにしていました。現物はやはりインパクトがあるので、自分の熱量も伝わりやすいのではないでしょうか。

就職活動で気をつけたことはなんですか？

いいアイデアが思いついたらすぐ取りかかりたくなりますが、まずは丁寧に計画を立てることを意識していました。就活のように制作に期限がある場合、何日で完成するかを逆算することは想像以上に大切です。印刷や被写体のスケジュール、機材の予約、材料の手配、予算など…。これらを計算した上ではじめて、自分がいつまでアイデア出しを粘れるかがわかります。

おまもりカイロ Tokyo Midtown Award 2012 グランプリ

受験シーズンの学生に贈る、携帯用カイロ。試験当日は緊張で胸がいっぱい。冬の寒さとも勝負しなければいけません。
そんな受験生の不安をちょっとやわらげてくれるアイテムです。努力を積み重ねてきた人なら、少しだけ気持ちを落ち着かせることができるかも。今でも商品化できないか狙っています！

へんたいやき

左から、骨が見えている鯛焼き、理科の解剖みたいな鯛焼き、半魚人の鯛焼き、海老に釣られた鯛焼き、鯛焼きの開き。伝統的なお菓子を変わった視点で見てみました。

80% CAFE

80%
CAFÉ
腹八分目ライフスタイル

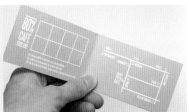

腹八分目というライフスタイルを提案するカフェのブランディングです。円グラフに見立てた食器がシンボルになっています。

調味色

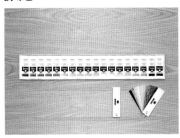

新しい小袋入り調味料のデザインです。普段は脇役の調味料が、食卓というキャンバスを彩っていたことに気づかせてくれます。

スシッパ

寿司もスリッパも2つで1つ。新しい日本のおみやげができました。

ADKクリエイティブ・ワン／FACT
アシスタントアートディレクター

中村心 Shin Nakamura

九州大学大学院デザインストラテジー専攻ストラテジックアーキテクト講座

学生時代はどんなことを学んでいましたか？

芸術工学部という理系の学部で、インダストリアルデザインを軸に、人間工学や知的機能工学、生活文化デザイン、UI/UXデザインなどを学んでいました。大学院ではデザインビジネスとの統合を踏まえたデザインストラテジー方法論を学びつつ、グラフィックデザインに力を入れていました。

どのような作品をつくっていたのですか？

プロダクトからサービス、グラフィックまで幅広く制作していました。また、課外活動として行っていたDJから派生して、福岡のクラブシーンやアーティストに関わるグラフィックも多数制作していました。学問上の課題も大切なのですが、身近な誰かのためにつくるデザインのほうにより力が入っていたかもしれません。私は、全てのデザインには必ず目的があると思います。日頃から自らの制作物に対して、目的に沿っているか、課題を解決しているか、世の中をちょっとでも良い方向に向けられているかを意識して制作していました。

作品の評価されたポイントはどこだと思いますか？

具体的に何を評価してもらえたのかは明確にはつかめていません。ただ、私は「画の力」だけではアート畑の学生には歯が立たないと感じていたため、ポートフォリオでは課題設定や思考、デザインのプロセスについて解説するページを併せて設け、面接でも意識して「前段」を話すように心がけていました。就職活動において何かしら他者と差別化して自分の強みを売り込むことは大切なのかなと思います。

STORE

How to Use

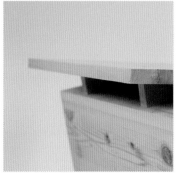

本棚から本を手に取り、好きな場所へ移動して、読む。そしてひと段落したら再び本棚へと戻す。読書における一連の行為を分解することによって得られた「気づき」をプロダクトに落とし込みました。収納と読書とが一体となったスツールです。

PEEP

テーマは「インタラクティブな遊具」。インタラクティブとは何かを一から解釈し直し、7つのグループがそれぞれ異なる楽しさを持つ遊具を提案しました。
私たちのグループのコンセプトは「時間差でつながる」。ロール状の大きな紙を通じ、しりとりのような感覚で過去のラクガキの作者とつながる新しいラクガキの形を提案しました。

TAKA GIRL CAMPAIGN UNIFORM 2019

企画・制作：アソビシステム株式会社

福岡の街を見渡すと道ゆく女性は皆生き生きと、輝いて見えました。そんなイメージから着想し、光り輝くフレアをモチーフにしたパターンを制作しました。

Swerve

クラブよりもっと手軽に、開放的に、ゆったりと集える場所があってもいいのではないか？という思いから立ち上がったイベント。ネーミングからロゴ開発、フライヤーやマーチャンダイズまでトータルでデザインが手がけながら、演者としても活動しています。

FUKTORY

東京で活躍する同郷の写真家 井崎竜太朗とタッグを組んで企画したアート／カルチャー作品展・イベント。今をときめく同世代のアーティストやクリエイターたちを東京から招き、福岡で活動するアーティストやクリエイターたちとともに、福岡と東京がクロスしたトークショーやライブ、作品展示を行いました。

PELITTLE

物が持つ色や形、材質などが、その物自体の扱い方を説明している「アフォーダンス」という考え方を用いて、「つい分別したくなるラベル」をデザインしました。

IMA no TEN

同世代のスタイリストとメークアップアーティストが共同で行うイベントのポスターデザイン。ヘアメークとコスチュームデザインが混ざり、溶け合って新たなクリエイションが生まれる様子をコラージュで表現しました。

FIGHTING EXPRESS 2015

格闘技研究会のイベントポスター群。横に並べることで、レスラーたちが殴り、殴られ合うビジュアルです。「格闘技」と聞くとなんだか荒々しいイメージを抱くかもしれませんが、その中にあるエンターテインメント性やお笑い的な側面をユーモラスに表現することで格闘技になじみがない人でも試合を観に行きたくなるようなビジュアルを制作しました。

ARCHI-TEXTURE

国内外で撮りためた建物の表皮、テクスチャーをまとめた作品です。

東急エージェンシー
アートディレクター

佐藤茉央里 Maori Sato

多摩美術大学美術学部グラフィックデザイン学科

08

学生時代はどんなことを学んでいましたか？

大学ではグラフィックデザインを学び、3年生からは広告コースを専攻して広告を学びました。私の在籍していた学科では、表現系の授業も豊富で、個性を問われる場面が多くありました。社会人になってからは自分の表現を突き詰める時間はなかなか取れるものではないので、自分の表現のことを考えられた4年間はとても贅沢で、苦しくも楽しく、充実していました。

どのような作品をつくっていましたか？

広告コース専攻だったこともあり、広告キャンペーンやリブランディングを想定した広告系の作品はもちろん、商品開発やパッケージにも興味があったので、幅広いジャンルの作品を制作しました。広告会社を就職先に選んだのも、色々なジャンルの仕事ができる点に魅力を感じたからです。作品をつくる上で心がけていたことは3つあります。1つ目は新鮮な表現でモノをつくること。具体的にいうと、表現手法から着手することが多かったです。2つ目は選択肢があったら大変なほうを選択すること。大変なことは誰もやりたがらないので、大変なほうを選べば自ずと見たことのない表現になります。3つ目は自分がときめくか。自分自身が心動かされるものでないと人の心も動かせないので、常に意識して制作をしていました。

就職活動で気をつけたことはなんですか？

1つ目は熱量。作品はリアルにこだわり、可能な限り現物をつくり、合成に頼らないようにしました。また、一つのテーマに対して派生でグッズを展開するようにもしました。ちょっとしたことですが、この積み重ねで作品を見た人には熱量が伝わるものになったのではないかと思います。2つ目は「ここまでやってダメだったらしょうがない」と思えるほど準備をすること。後悔をしたくなかったので、作品づくりから面接対策まで徹底的に準備をしました。

フロッシュ®

日常をちょっと豊かにするフロッシュを柔らかい世界観で描いた広告シリーズ。

渋谷ヒカリエ

ショッピング、グルメ、カルチャーと様々な魅力がギュッと詰まった渋谷ヒカリエのブランド広告。

渋谷ヒカリエ館内のカフェ＆レストランのリニューアルオープンのキャンペーンビジュアル。

ピュアセレクトマヨネーズ

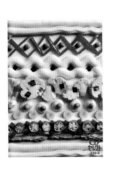

リブランディングの授業の課題で制作。
「マヨネーズが食事を楽しくする」をコンセプトに、マヨネーズで食事をデコするキャップを制作。様々な模様のマヨネーズで食事を華やかにデコレーションできる企画を考えました。

LAYER

レイヤーをテーマに身の回りのものを分解し、新しい表現にチャレンジしました。
分解したモチーフを糸でつるしたものを撮影し、90度回転させることで浮遊感のあるビジュアルを実現しました。

手紙結びproject

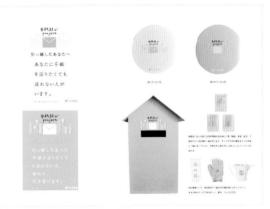

東日本大震災の被害により周囲に行き先を告げずに引っ越しを余儀なくされた方が多く、その後居場所がわからず友人と連絡が取れない方に向け、
日本郵政による生き別れた友人の居場所を探してくれる仕組みとキャンペーンを考えました。

TAGNO

付箋とノートが一体化したエコに配慮したノートを制作。
各ページの四角い切り取り線部分をピリっと切り抜いて折り返すことで、付箋が現れます。

KOKE FONT

苔を使用したオリジナルフォント。苔好きが高じてフォントと苔のアートブックを制作。

サン・アド
アートディレクター/イラストレーター
矢入幸一 Koichi Yairi
武蔵野美術大学造形学部視覚伝達デザイン学科

学生時代はどんなことを学んでいましたか?

広告から絵本、パッケージ、立体作品まで、ビジュアルを軸にしたコミュニケーションについて学んでいました。今でも自分の中に残っているのは、2年生からライフワークでやっていた平面における余白の研究です。その研究は「余白の再構築」というテーマで卒業制作にもしました。

どのような作品をつくっていたのですか?

絵を描くことが好きだったので、ポスターでもパッケージでも自分の絵を使ってデザインすることが多かったです。2年生の時につくった「十二支の話」という絵本は、大人のための絵本として水墨画で描いてデザインをしました。

どのようなことを意識して作品を制作しましたか?

自分の好きなことや武器は何なのかを常に考えて制作していました。一時期は自分が入りたいと思っていた企業が好んでくれそうな作品を意識してつくってしまっていました。しかし、結局僕は何が好きなのかと考え直した時に、絵を描くことが好きで、その絵を使ってデザインの仕事をしていきたい。その思いに立ち返り、そういうデザインを良しとしている会社を調べていくうちに本当に行きたい企業が絞られてきました。だから、就職活動では自分がちゃんと好きだと思える会社だけを受けるようにしていました。自分と合わない会社を受ける時間分、好きな会社や行きたいと思う会社に力を注いだほうが効率的です。入った後も素直に自分らしくいられる会社が一番だと思います。仮に全部落ちたとしても、個人で活動していくことも今の時代では十分可能です。それも選択肢の一つだと思って就職活動には臨んでいました。

Portfolio

このポートフォリオのテーマは「木の年輪」だったので、作品の制作時期と自分にとっての重要度を年輪に置き換えてつくっていました。例えば2年生から続けていた余白の研究は年輪の中心部分で、興味を持ち始めて日が浅い立体作品は外側で、など。面接官にポートフォリオを見せながら自分自身と作品の関係性を話すきっかけとしてテーマを使っていました。本の構造は作品を入れ替えやすいようにボルトでとめる製本にしています。

余白の再構築

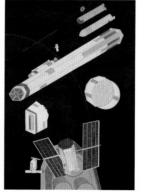

平面作品における余白や間はセンスによってコントロールされていると思っていた僕は、カンディンスキーの『点・線・面』という本を読み、その本に書かれていることを自ら再編集することで独自の余白論をつくりました。その余白論を基軸に、抽象画家の絵画を解体し、自らのグラフィック作品に再構築した作品です。

Kingyo

浴衣柄の金魚がいて、その金魚を色々な形のポイですくえたら楽しいのではないかと思い、
浴衣ブランドのプロモーションとしてつくった作品。金魚は全部で100体つくりました。

Lady Made

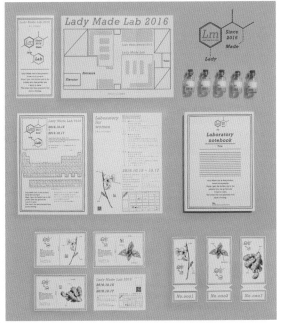

自ら好きな香りを調合できるハンドソープの商品開発とコミュニケーションを考えた作品。

十二支の話

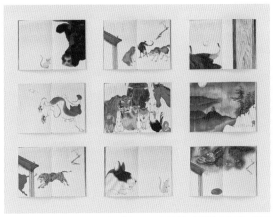

干支が決まった十二支の昔話を、大人の絵本としてつくりました。水墨画も自分で描いてます。

Tokyo metro book

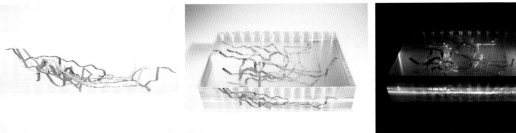

東京メトロの路線図を立体化したアート作品。

MR_DESIGN
アートディレクター/デザイナー

香取有美 Yumi Katori

多摩美術大学グラフィックデザイン学科

10

学生時代はどんなことを学んでいましたか？

グラフィックデザイン学科に在籍していました。そこで学んだことはもちろんですが、趣味の延長で美術史の授業や、他の学科、他の美大の友人の制作の話からも学ぶことが多かったな、と今になって思います。

どのような作品をつくっていたのですか？

グラフィックに加え、映像やプロダクトなど展開を色々つくっていました。一つのアイデアから広がっていくのが楽しかったので、「つくってみたい」と思ったものに対して、とりあえず手を動かすことを心がけていました。大学3年から今の会社のインターンシップに参加していて、実際に進行している仕事を見て学ぶことがたくさんありました。そこで学んだことを、大学の課題や自主制作で試してみることも、作品をつくる上で心がけていたポイントです。

作品の評価されたポイントはどこだと思いますか？

今の会社に、何回かポートフォリオを提出する機会があり、その度に新しい作品をつくってポートフォリオの中身を全て入れ替えて提出していました。作品の良し悪しというより、その行動力が評価してもらえたのかもしれないです。

就職活動で気をつけたことはなんですか?

インターンからの採用だったのでデザインはもちろんのこと、何気ない気配りも含めて、「この人と働きたい」と思ってもらえるように心がけていました。言われなくても行動することや、先行して何を求められているか考えることもとても大切だと思います。

TwinClock

光でできた時計の提案。アナログとデジタルを融合した時計のデザインで、プロジェクターを使用してどこでも投映できます。

JIDOKAN Project

英語を学ぶことのできる児童館の提案。アルファベットをキャラクター化して絵本の中にいるような施設のデザインをしました。

UV Project

紫外線対策について子どもを持つ人たちに考えてもらう「子どものUV対策」というキャンペーンの提案。地上に降り注ぐUV-A、UV-Bを点線と矢印で、点線はそれぞれの周波数の長さを表現しました。

Skull Building Project

東海地震の避難警告キャンペーンとして静岡の街のビルを鉄骨が印刷されてある布で囲い、東日本大震災で実際の津波の被害にあった岩手県のビルの1階から3階まで鉄骨のみが残った惨状を再現しました。

FBS Presentation.9

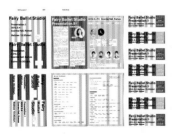

COG Performance

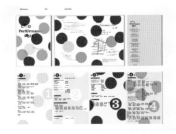

Chocolate Project

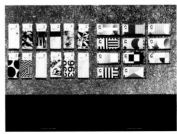

面白法人カヤック
アートディレクター/デザイナー

金子嵩史 Takafumi Kaneko

多摩美術大学情報デザイン学科

11

学生時代はどんなことを学んでいましたか？

情報デザイン学科で、情報の伝え方を考えるメディアデザインと、体験をデザインするインタラクションデザインを学びました。授業後は、図書館によく通っていました。勉強しに行くというより、無心にひたすら図録や映画を見て、インプットに多くの時間を費やしていました。

どのような作品をつくっていましたか？

自分が所属していた学科には、平面や立体などの決められたカテゴリーはなく、アウトプットの仕方が自由でした。そのため、プロダクトやプログラミング、エディトリアル、インスタレーションなど、手広く多くのジャンルに手を出していました。また、個人的に文字が好きで、文字を題材にした作品を自主的につくっていました。形がきれいなタイポグラフィというより、見せ方やプロセスに仕掛けを持たせた作品が多かったです。

作品の評価されたポイントはどこだと思いますか？

目玉の作品の面白さをきちんと伝えられたことだと思います。自分の場合は、「機構による筆記」という作品が目玉でした。他の作品に比べ、この作品だけは絶対に見る人の記憶に残せるという自信があったので、伝え方には特に気をつかいました。触れることを前提とした作品だったため、ポートフォリオでは人が作品に触れている様子をコマ割りで並べたり、プレゼンではタブレットを持参して必ず動画を見てもらうなどしたりして、作品を通した体験がしっかり伝わるように意識しました。

機構による筆記

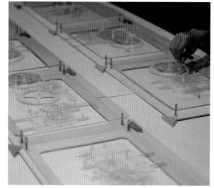
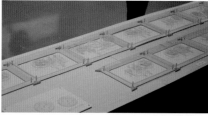

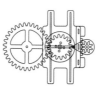

a b c

「abc」の機構

私たちは、線の長さや左右反転などの微妙な違いを瞬時に見分け、文字の読み書きを行っています。この作品ではこのような差異を、ギアのかみ合う数やカムの可動域によって動的に視覚化しています。

筆記と機構を題材にしたインスタレーション作品です。手で書くものとして習慣化された筆記を、機構を通して行うことで、アルファベットの持つシンプルな成り立ちを伝えられないかと考え制作しました。「a,b,c」と「w,r,i,t,i,n,g」の10文字の機構を設計し、触れるものにして展示しました。歯車を回すことによりアルファベットは書かれ、鑑賞者は、歯車の直線や曲線の動きを見てアルファベットの単純性に気づくことができます。

できごとのかたち展

「触れてもらう。」をテーマにした学外展の、ロゴ、キービジュアル、展示グラフィック、パンフレットを制作しました。『触れてもらう。』の部分には、カラーサンドを用いた特殊加工を施し、「触れてもらう。」を触感的に表現しました。

あし算

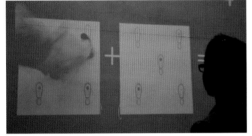

新しい小学生の学びをテーマに制作した、算数を楽しく学ぶための学習コンテンツです。□＋□＝9といったような問題が出題され、Webカメラとプロジェクターによって、リアルタイムで映し出された参加者が、「個数」となって答えを導き出すシステムです。

font city

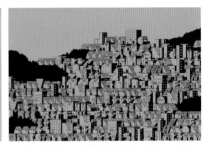

「文を打つと街ができるフォントがあったらすてきだな。」という思いつきでつくったフォントです。アルファベットを打つと街が現れます。文章によって街の趣が変わります。

SHINPAKUZOO

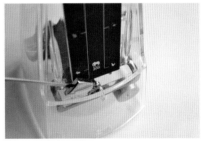

哺乳類の心周期の差を表現したインフォグラフィックス作品です。ゾウとネズミとで体感する時間の早さに違いがあることを、ポスター、Web、プロダクトで表現しました。メトロノームのメモリ部分を動物に変えることで、視覚だけでなく聴覚で情報を伝える試みをしました。

珈琲茶 - cafe cha

お茶を飲む感覚で気軽にコーヒー体験をしてもらうのを目的に企画した商品です。商品化を目標に、味の研究からブランディングまでを行いました。

アドブレーン
アシスタントデザイナー

高橋里衣 Rie Takahashi

長岡造形大学造形学部視覚デザイン学科

12

学生時代はどんなことを学んでいましたか？

大学ではグラフィックデザインを学んでいました。3年次からはコース選択があったので、私は「表現コース」を選択し、個性的な仲間や先生方と一緒に自分の表現を突き詰めていきました。主に海や大学構内のゴミを拾い続け作品にしていました。また、私の所属ゼミはDIYを得意とするガテン系だったので、時には机、時には屋台を制作しました。

どのようなことを意識して作品を制作しましたか？

思い立ったらすぐ行動！がモットーなので、生まれたアイデアや構想がかすんでしまう前に、とにかく形にして残すことを心がけています。最初からパソコンに向かうのではなく、まずはラフスケッチで想像力を広げたり、切り絵をして偶然できた形を探ったりと、手を動かしながらアイデアを練ることを意識していました。

どのような作品をつくっていましたか？

私は「リ・コンタクト」をテーマに作品を制作してきました。「リ・コンタクト」とは「見ることをやり直す」「ファーストコンタクトをやり直す」という意味です。日常的によく目にするモノでも、初めて見るモノとして捉え直すことにより、本来の機能や意味を超えた価値を創造できるのではないかと思い、実験的に作品をつくり続けてきました。

floating figure

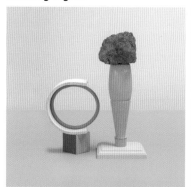
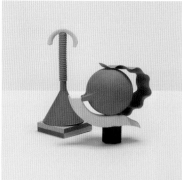

誰にも興味を持たれず、海にそのまま放置され続けている漂流物。それらにペイントを施して即興的に構成し、モニュメンタルな造形物を制作しました。
一度価値を失ってしまった物も、新しい視点と表現を与えることにより生まれ変わります。展示後に作品を販売し、全ての漂流物たちはもう一度人々の生活の中に「漂流」していきました。

漂流バッジ

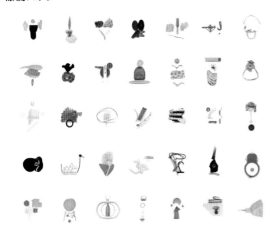

≈票
≈流 HYOURYUU BADGE

漂流物を素材に、カラフルな1点モノのバッジを制作しました。これはもともとどんなモノだったのだろう?と思いをはせながら、服やバッグなどを彩ることができます。

NASCOSTO MORANDY

この作品たちの正体はどの家にもある日用品だったり、ゴミ箱に捨てられたペットボトルだったりします。
そこにペイントを施し画面に構成することにより、イタリアの有名な画家「モランディ」のような風景を表現しました。

愛のかたち

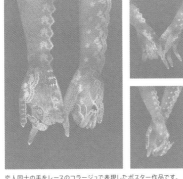

恋人同士の手をレースのコラージュで表現したポスター作品です。

ガムの風景

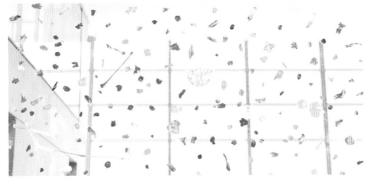

数種類のガムを大きいアクリル板と共に置き、その場で鑑賞者に食べてもらいます。
その食べ終わったガムを貼り付けてもらい、完成するインスタレーション作品です。

SIMPLE MOTION

浮く、跳ねる、くっつくなどといった物理的な動きや、日常でよく見かける動きを抽象化したモーショングラフィック作品です。

ポートフォリオはどんなものをつくればいいか？

ポートフォリオってそもそも何だって話なのですが、
皆さんがどういうデザインが好きで、どういう思想でモノづくりをしていて、どういう人間で、
どういうことができるのか、みたいなことを伝えるための、自己紹介的な役割のものです。

今回提供いただいたどのポートフォリオを見ても、皆さん全く違う魅力を持ち合わせていて、
それぞれの方の魅力がよく伝わるポートフォリオになっていました。

例えば河野さんや矢入さんであれば圧倒的造形力。河野さんは受賞も数多くされており、
賞に応募しているという主体性も感じられ、矢入さんはデザインに対しての考察や思考が深い。
二人ともモノづくりに対してのエネルギーがとっても感じられるポートフォリオでした。

吉田さんであれば圧倒的企画力。泉のごとく次から次へとアイデアが溢れ出ているのがよく伝わります。
しかもそれらをしっかり立体物に落とし込んだりして、見ている側がより一層ワクワクするような工夫もあり、
定着にも気を緩めていません。

深沢さんや赤沼さん、市田さんはオールラウンダータイプで、デザインもアイデアも両方ハイクオリティー。
一つひとつの企画がしっかり立っていて、展開力も素晴らしいです。

岡村さんや金子さんはデジタルに強く、テクノロジーを活かした表現が期待できます。
二人ともアイデアの幅も広く、様々な課題でも対応できそうですし、
今後自分発信でインスタレーション作品などもつくっていけそうです。

佐藤さんや香取さん、高橋さんは人柄がにじみでるような、可愛らしい世界観を持っています。
好きなものを丁寧につくっている感じが、とても好感を持てます。
イラストや色使いなど、彼女たちにしかつくれない世界観を持っていて、とても個性があるポートフォリオです。

中村さんは表現のその先の、体験をもデザインしています。これはかっぴーさんや榊さんさんのような方向性です。
デザインの捉え方が他の方と異なっていて、従来とは違う新しいデザインの形を期待させます。

皆さんすてきなポートフォリオでしたが、
このようなポートフォリオを実現させるためには「主観性」と「客観性」がとても重要です。
つまりその人ならではの着眼点や表現を、いかに相手にうまく理解してもらえるか、が大事ということです。
基本的には「私こんな人間です！ 以上！ 伝わらなかったらそれでいいもん！」でもいいといえばいいのですが、
これではなかなか就活は苦戦してしまいます。

なんだかんだ言って、結局就活は、

いかに自分の人間性や作品性が相手企業の需要にマッチするか、で決まるのが現実です。

そのため気になる会社が見つかったならば、その相手に興味を持ってもらうために、

多少想像力を働かせる必要があります。

ポートフォリオをまとめていく中で、相手側の人間に憑依して考えてみてください。

例えば広告会社であれば、アート職ならではの「定着力」が必要かもな、とか。

企画の仕事も多いであろうことから「発想力」も必要かもな、とか。

大きい仕事も多いから「展開力」も必要かもな、とか。

プレゼンすることも多いから「思考力」も必要かもな、とか。

時代が時代なだけにどんどん変化するメディアや表現に対して対応する「順応力」も必要かもな、とか。

たくさんの志望者の中で埋もれないための「個性」ももちろん必要かもな、とか。

作品を見せる場合、ポートフォリオのつくり方はちゃんと飽きさせないようにできているかな、とか。

ちゃんと見やすいかな、とか。

こうやって、相手の気持ちになって考えると、色々答えが出てきます。

もちろん全部できる必要はないです。この中で自分の武器と照らし合わせながら、

できること、ちょっとあきらめることを色々取捨選択しながら、最適なものをつくっていただければと思います。

好きなように作品をつくるのはもちろん一番大事なことですが、

最低限相手に聞く耳を持たせるような工夫をしなければなりません。

そしてそういった気遣い一つひとつが、作品のクオリティーを上げていくことにもつながっていきます。

河野さん、深沢さん、矢入さんもそうでしたが、ポートフォリオ自体の体裁も、

編集可能なものにすることをおすすめします。ギリギリまで客観的に作品と向き合って、

アップデートし続けることができるようにしましょう。やっぱり大切なのは中身の作品自体のクオリティーなので。

ここに載せている作品はあくまでも一例ですが、ご覧いただいた通り、

それぞれ皆さん個性を持っていて、作品も千差万別です。

こういうものをつくれば内定がもらえるなんてものは、存在しません。

とはいえ記載作品に対し、先ほど出てた主観性や客観性の出し方や、発想の仕方、作品そのもののクオリティー、

個性の出し方など、参考になる情報がここには詰まっています。

うまく参考にしていただき、皆さんの作品づくりに役立てていただければと思います。

ART DIRECTION & DESIGN

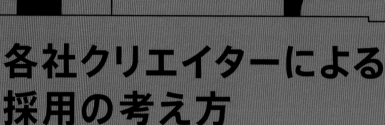

STOERS

各社クリエイターによる
採用の考え方

Stories from Creative Recruiters

電通、博報堂、ADK、サイバーエージェント、アドブレーン、ハウラー
6社に所属する、採用担当やクリエイターによる各社の採用の考え方
に迫ります。それぞれ企業として、どういった人材が求められている
のか、真に迫った貴重なインタビューです。

-Inte

P80_P87

Hirozumi Takakusaki
Tatsurou Miura
Takeshi Tsuji
Yousuke Sato
Kenichi Kasai
Ken Yamauchi

KURI-KATSU 2
KURI-KATSU 2
KURI-KATSU 2
KURI-KATSU 2
KURI-KATU 2

6 CREATIVE RECRUITERS

dentsu

株式会社電通

コミュニケーションデザインセンター
クリエーティブディレクター

高草木博純 Hirozumi Takakusaki

多摩美術大学染織専攻卒、からなぜか電通入社。アートディレクターよりスタートし、インタラクティブ領域・オンライン領域・コミュニケーションの全体の設計へ移行して現在はクリエーティブディレクター。コミュニケーション起点に展覧会コンテンツ開発、事業開発、商品開発、メディア開発など好き勝手に広げて活動。アート職インターン「電通デザインサマースクール」を設計立ち上げ、運用してリクルーティングも担う。

アート職に求める人物像とは何ですか?

ビジュアル領域を起点としてプロジェクト全域をコントロールできる人。いまだ誰も見たことのないモノを捻り出す人…と定義していますが、加えて最近は新しいツールや新しい環境にポジティブに反応できること、そして当たり前に感じるかもしれませんが「社会に興味がある」ことも大事だと思います。難しく言うと「予測困難な時代にあって非言語領域の可能性を探求し社会に提案をする人」とかね。

作品のどこを見ていますか?

その人の「視点」でしょうか。もちろん作品一つひとつのアイデアやビジュアル、その完成度、展開力、リサーチの深度…などを見てふむふむぅ〜となりつつ、実はそこに一貫した「何か」があるかどうか? を見ていると思います。通底するもの、あるいは持続する根拠みたいなことかもしれません。まぁ凡庸な言い回しだと「作品から、人を見る」みたいなことですね。フツーですけど。

作品をつくるうえでアドバイスをお願いします。

自分がつくりたいもの、見たいものをキチンとつくるべきだと思います。ウケるかウケないか、非凡か凡庸か、損得勘定も働くでしょう。それも必要な観点です。他の人からどう見えるか? という客観的視点をもちながら、圧倒的エゴで自分がつくりたいものを希求する。それが最強のアウトプットへの道だと思います。同じ「今」という時代を生きる人間として、実は「本当につくりたいもの」ってズレないと思うから。

面接ではどこを重視していますか?

その人の「日常」でしょうか。いったい何を見て、何を感じて日々暮らしているのか、それを受信したいと思って会話をしています。安全で失点がない受け答えよりも、イキイキとした「存在そのもの」を見たいのです。しょせん面接の時間は一瞬。生きた言葉のやりとりが結局、印象を決めていると思います。本当の自分を隠して優秀ふうな他人を演じるのは、一番もったいない結果になると思います。

学生時代に学んでほしいことはなんですか?

常識やバランスを顧みない、自分勝手な自分ワールドの大発露大会!…をどんどん展開したらいいと思います。手堅くまとめてみせる、ビジネス的に成立させる…みたいなコトは後からいくらでもできますし、やらされます。失うものがまだない学生時代、どんどん無責任に領域を広げるようなアプローチをしてほしいです。

学生時代にやっておくべきことはありますか?

「誰もが止める無茶なこと」「計算外のド挑戦」「大物パーソンに突撃アタック」「大失敗」「超恥体験」「衝動に駆られて説明ナシに疾走」などなど…社会人になって「社会の側」に立ったらやりにくいコトを済ませておく、ということでしょうかね。いや、でも社会人になってからもやればいいと思うな。どの時代でもやりたいことやりゃぁいいんじゃないでしょうか! そういう人はすてきですから。

·HAKUHODO·

株式会社博報堂

統合プラニング局
クリエイティブディレクター/チームリーダー

三浦竜郎 Tatsurou Miura

2003年慶應義塾大学環境情報学部卒、同年博報堂入社。広告クリエイティブで培った課題解決力を拡張して、ブランドの転換点をつくり新たな企業文化へ育てていく「構想/発想/実装」を研究・実践している。カンヌライオンズ金賞をはじめとしてフィルム、モバイル、データなど幅広い領域で受賞多数。2017年クリエイターオブザイヤーメダリスト。カンヌライオンズ、ACC TOKYO CREATIVITY AWARDSなどの審査員も務める。博報堂インターンではクリエイティブアイデアサーキット、デザインイノベーションサーキット両コースのリーダーを担当。料理とキャンプがすき。

アート職に求める人物像とは何ですか?

私たちの事業領域は近年大きく拡大しています。みんながワクワクする未来を構想でき、事業課題をあっと驚くアイデアで解決できる人。あたまがやわらかく、クリエイティブとテクノロジー、ビジネスを高いレベルで結合できる人を探しています。その上で、アートディレクターには何より定着への強いこだわりが欠かせません。今、グラフィックのみならずサービス、プロダクト、ビジネスなど様々な領域でアートディレクターが活躍しています。デザインクラフトだけでなく、自分の可能性も拡張していける人が理想です。

作品のどこを見ていますか?

良い作品には人間そのものが表れます。その人にしかない独自の視点があるか。野心的なアイデアがあるか。そのアイデアを美しく定着させるこだわりをもてたか。作品そのものの仕上がりと共に、そうした思考の解像度、作品との向き合い方を見ています。数が多ければ多いほど良いというわけではありませんが、ある程度作品数や、幅広さがあると、その人にしかない個性がよりよくわかります。そんな「作品と作品の間にある何か」も見ていますね。

作品をつくるうえでアドバイスをお願いします。

1つの作品で得た発見を掘り下げて、色々な作品に展開するという方法もありますが、それだけでは作品と作品が似てしまったり、発想の幅が少なく見えることも多いです。せっかくの学生時代。様々な作品づくりに挑戦し、考える難しさとヒラメキの快感、つくる大変さと成し遂げる喜び、あたらしい自分を発見する嬉しさをたくさん味わってほしいと思います。また、グループで作品をつくることと、個人で作品をつくることには異なる発見があります。両方経験してほしいですね。

学生時代に学んでほしいことは何ですか?

既知の技術や知識を学習することも重要なんですが、多くの人がそれにとらわれすぎていると感じます。「経験あるからできる/経験ないからできない」なんて、つまらない理由で可能性を狭めてしまう。自分には、自分が思うより大きな可能性があると信じて、未知に飛び込む度胸をつけてほしいです。今取り組んでいる領域でも、取り組んでいない領域でもいい。わかることではなく、わからないことを大切に。答えではなく、問いを探してください。未知の概念や、異なる価値観にふれ、自分が変わる体験をどれだけできるかが大事です。

学生時代にやっておくべきことはありますか?

今「あたらしい好奇心の育み方」が問われていると思っています。キャリアも、プロフェッショナリズムも、自由に組み立てられる時代。前例がないなら、君がなっちゃえばいい。だからこそ、自分の力でおもしろい! と思えるスイッチを探して、自分にモチベーションを与え続ける力が必要になってきています。自分の好奇心がふくらむ感覚をつかんでください。好奇心にどっぷり浸かる経験を楽しんでください。そうして育んだ好奇心は、不確実で自由な時代において、コンパスのように皆さんを導いてくれるでしょう。

就職活動をしている学生へメッセージを。

君たちがつくる時代は、制限のない自由なものだ。何をどんなふうにデザインする? そこからつくってみよう。

ADK<

**株式会社
ADKクリエイティブ・ワン**

クリエイティブ本部
クリエイティブディレクター/コピーライター

辻毅 Takeshi Tsuji

1997年旭通信社（現ADK）入社。テレビ局担当3年、メディアプランナー3年を経て、2003年に転局試験でクリエイティブへ異動。TCC新人賞、カンヌメディアライオンゴールド、アジア太平洋広告祭など受賞多数。ACC審査員・東北芸術工科大学講師。

アート職に求める人物像とは何ですか？

芸術家肌の人より、戦略思考でデザインできる人が向いていると思います。アートディレクターは、一枚絵でズバッと課題を解決する能力が求められます。なぜ、そのデザインにすべきなのか？ デザインの良し悪しって、なかなか言葉にするのって難しいですよね。でも、それができないとプロとしてはやっていけません。優秀な人は、コピーライターに負けないくらいの言語化能力を持っていたりします。デジタルやプロダクト、行動デザインなど、そのカバー領域はどんどん広がっています。

作品のどこを見ていますか？

僕は、自分の心が動かされるかどうかを大事にしています。目標設定は、チャレンジングなものになっているか。単なる思いつきではなく、戦略思考に基づいているか。ちゃんと課題を解決する表現になっているか。その表現に新しい気づきやオリジナリティーはあるか。教科書的には、これが100点の答えです。でも、結局は「それで本当に人の心を動かせるかどうか」が大切な基準だと思います。

作品をつくるうえでアドバイスをお願いします。

僕らの世界では、「バカ」は最高の誉め言葉。「そうきたか！」と僕らを驚かせてくれることを期待しています。表現をつくる時は、あまり真面目に考え過ぎず、悪戯心と遊び心を大切にしてほしいと思います。恥ずかしがらずに、自分を出し切ってください。どこまでアイデアを飛ばせるか。失敗を恐れずに、思いっきりバットを振ることを心がけましょう。欲を言えば、案の数も多いほうがうれしい。アイデアの幅を見ると、その人のポテンシャルを知る手がかりにもなります。

面接ではどこを重視していますか？

「この人と一緒に仕事したら楽しそう！」と思えるかどうか。クリエイティブの仕事は、ある意味人気商売。クライアントや社内のスタッフから可愛がってもらえるかどうかも、大切なポイントだったりします。今の学生さんは、プレゼン慣れしていて、自分の見せ方も本当に上手。でも一方で、傾向と対策を意識し過ぎて、型にハマりがちです。面接の本番では肩の力を抜いて、ぜひ「自分らしさ」を出し切ってほしいですね。

学生時代にやっておくべきことはありますか？

とにかくたくさんインプットして、アイデア貯金をしておきましょう。映画でも本でも、何でもかまいません。食わず嫌いをせずに、色々な作品に触れておきましょう。経験は財産になります。色々なところ旅行して、色々な体験をしておきましょう。

就職活動をしている学生へメッセージを。

面接官も一人の人間です。相性が良い人、悪い人、いると思います。相手に合わせて当てにいこうとすると、軸がぶれてしまって、本当の自分を見失いがち。お互いが理解し合えずに面接が終わるのは、本当にもったいないですよね。あまり自分をつくりこみ過ぎずに、自然体で頑張ってほしいと思います。

CyberAgent.

株式会社
サイバーエージェント

執行役員
クリエイティブ統括室 室長／チーフ・クリエイティブディレクター

佐藤洋介　Yousuke Sato

2012年にサイバーエージェントへ中途入社。スマホサービス立ち上げの最盛期からクリエイティブ組織の体制を確立させ、競争力となるクオリティーを社内から生み出す礎をつくる。2016年4月からサイバーエージェント初のクリエイティブ領域の執行役員に就任。「ABEMA」「AWA」など主にメディア事業のクリエイティブを監修。

アート職に求める人物像とは何ですか?

常に自身のスキルをアップデートし、常識を覆すチャレンジをチームで楽しめる人材を求めています。我々が運営している、テレビ＆ビデオエンターテインメント「ABEMA（アベマ）」など、いわゆるインターネット産業の変化は非常に早く、常に進化するユーザーやトレンドに対して新たな価値を生み出し続けるためには、自分自身を磨き続け、今できないことができるようになる楽しみをチームで分かち合えるような人材を求めています。

作品のどこを見ていますか?

構成力と、表現力です。ポートフォリオも作品の一つであり、ただ並べただけではなく読み手に配慮した工夫がなされ、読み進めたくなるような仕掛けがあると、一緒に仕事をしたらもっとワクワクさせてくれるだろうなと期待します。

作品をつくるうえでアドバイスをお願いします。

とにかく人に見せる機会をつくるべきだと思います。それは、評価を受けるためではなく、自身では気づけない新たな価値を見つけ出すために重要なことであると思っています。様々な価値に気づき、それらをさらにアレンジしていけると良いと思います。

面接ではどこを重視していますか?

コミュニケーション能力を重視しています。クリエイターとしての伝える力や表現力など、「チーム・サイバーエージェント」のクリエイターとして、一緒に切磋琢磨し合えるかどうかを見極めています。

学生時代にやっておくべきことはありますか?

とにかく自分なりの「Want」を見つけてほしいと思っています。色々な価値観がある中で、どのようなクリエイターになり、どのような成果を得たいのか。「Want」が将来変わっても問題ありません。大事なのは、学生時代の今感じていることに真摯に向き合ってみてほしいと思います。

就職活動をしている学生へメッセージを。

一度の就職で、自分の人生が全て決まってしまうように感じるかもしれませんが、そんなことはありません。得た経験は全てにおいて財産となりますし、これからやりたいことはどんどん変化していくと思います。全ては自分を主語として、今自分が楽しめそうな環境を肌で感じて見つけてみてほしいです。

ADBRAIN

株式会社アドブレーン

第1制作室
室長/執行役員

葛西健一 Kenichi Kasai

2000年アドブレーン入社。

アート職に求める人物像とは何ですか?

まずは何よりもデザインが好きで、デザインをすることが好きであることが大切です。その上で、話を聞く力や伝える力といったコミュニケーション力は、仕事をしていく上での重要な要素になると思います。スキルは入社した後にアップデートをしていける環境があるので、まずは熱量とコミュニケーション力をしっかり持っていることが重要です。

作品のどこを見ていますか?

見た目の美しさや印象に残る仕掛けがあるか、完成度や定着力を持っているかは重要なポイントになりますが、最近は一つひとつの作品のクオリティーが高い学生の方が多いので、ポートフォリオ全体を通しての見せ方や狙いも見るポイントになると思います。ポートフォリオ全体を一つの作品と考えて、見終わった後にどういう印象を残したいのかがはっきりしていると評価が高いです。

作品をつくるうえでアドバイスをお願いします。

学生時代にしかできない作品制作があると思います。1枚の作品にかける時間も設定も自分で自由に決めることができると思うので、頭でっかちにならずに自分が表現したい世界を思い切りやり切ってほしいです。

学生時代に学んでほしいことは何ですか?

課題では、自分なりの解釈をどういう角度で絵にしていくかが大切です。そのため、考察する角度の引き出しを増やすことが大切になります。自主制作では、0から1の発想力や表現方法の引き出しを拡げることができると思います。普段の生活の些細なことが制作のヒントになることはよくあるので、何気ないことにも気を留めて、掘り下げる癖をつけておくと役に立ちます。

学生時代にやっておくべきことはありますか?

自分のやりたいことを自由にできる貴重な時間なので、デザイン以外の趣味などに没頭することも大切だと思います。そこで得たものが仕事の中で活かされることもありますよ。また学生時代に出会う友人は、社会人になった後でも大切な存在になります。私自身20年経った今でもたまに集まってたわいもない会話をするだけですが、とても大切な時間になっています。多くのコトや人に触れて自分の引き出しを増やすことが大切だと思います。

就職活動をしている学生へメッセージを。

皆さんはモノをつくったり考えたりすることが好きで、得意だからこそクリエイターになろうと思っている人がほとんどだと思います。好きなことを仕事にできるという、他にはなかなかない魅力のある仕事ですので、ぜひこのチャンスを活かすためにも納得のいく準備をして、理想の環境をつかんでほしいです。

HOWRAH

株式会社ハウラー

ディレクター/デザイナー

山内謙　Ken Yamauchi

印刷会社で紙媒体のデザイン業務を経て、ハウラーに入社。現在は、より多様なクライアントニーズに応えるため、Webサイトや動画など、媒体を問わずアートディレクション・デザイン業務を担当。

デザイン系クリエイター（グラフィック・映像・Web）に求める人物像を教えてください。

バランスの取れたコミュニケーション能力とデザインに対する理解。加えて、表現方法の幅を狭めずに追求していくことです。ここでいうコミュニケーション能力とは、対人コミュニケーションにプラスして、社会に対するコミュニケーション能力のことも指します。社会に対してアンテナを張り、時代と呼吸できる力がクリエイターには必要だと思います。

ポートフォリオの評価ポイントを教えてください。

一番は「表出までのロジック」。制作にあたり、どうやって情報を仕入れ、どのように解釈し表現をしたのかをしっかりと説明できる力を見ています。あとは、デザインセンスやレイアウトバランスが今の段階でどの程度身についているのかをチェックします。表現技術は、実務を通していくらでも身につくと思うので、そこまで重視はしていません。

面接での評価ポイントを教えてください。

コミュニケーション能力、柔軟性、素直さの3つを軸に見ています。素直な人のほうが、デザイナーとしても、人としても成長していけるように感じています。当社は教育関連の仕事が多いこともあり、若い世代の感性や考えにしっかりと耳を傾けられることが大切です。

学生時代に学んでほしいことはありますか？

クリエイティブに限りませんが、仕事は考え続けるもの。ふと悩み考えあぐねた時に、自分をフラットな状態に戻すための「慣習」や、自分なりにリフレッシュできる行動が大切だと思います。また、大学や専門学校で、異なる学科やコース、学校外の友人を持つことも大切です。異なる価値観に触れることで思考は柔軟になり、コミュニケーションスキルも培われます。

就活生へ応援メッセージをお願いします。

デザインは、時代や社会、クライアント、ユーザーが求めるものに応えていく仕事です。自分らしい表現を追求するのではなく、他者の求めるものを形にしていく中で、培われるものが自分自身のセンスなのだと思います。また、身体を動かすことをおすすめします。身体の使い方がわかると、自分の思考についても理解が進むようになります。脳も身体の一部。考え続けるには体力が必要です。

お問い合わせ/株式会社ハウラー　〒107-0052 東京都港区赤坂2-8-11 第11赤坂葵ビル2F　Tel:03-5797-7244　E-mail:info@howrah.co.jp URL:howrah.co.jp

SPECIAL GUEST

His Story as a Creator

CREATOR CREATOR CREATOR CREATOR

5

SPE

特別企画

Special Content

芸能界きっての「クリエイター」である、ロバートの秋山さんに
独占インタビューを敢行。かつてない貴重なインタビューが
『クリ活2』で実現。
あの湯水のように湧き出てくるアイデアはどのように生まれ
てきたのか、クリエイターとしての「秋山竜次」さんに迫ります。

-Interv

P88 P93

Ryuji Akiyama

COMEDIAN
COMEDIAN
COMEDIAN
COMEDIAN
COMEDI
COMEDIAN
COMEDIAN

特別
企画　天才クリエイターの
アイデアの秘密にせまる。

秋山竜次
Ryuji Akiyama

お笑い芸人。1978年生まれ、福岡県出身。1998年、山本博と馬場裕之と共に
ロバートを結成。吉本総合芸能学院東京校4期生。『体モノマネ』やフリーペーパー
『honto＋』から始まり、現在では月刊ザテレビジョンで連載されている「クリエイ
ターズ・ファイル」などの創作ネタが話題を呼んでいる。2020年6月にロバート
のYouTubeチャンネル「ロバート企画～オモシロコレクション～」を開設した。

モテなかった学生時代

—— まずは秋山さんの幼少期について
お尋ねしたいです。幼い頃はどのように
過ごしていましたか？

　小中学生の頃から変なことをするのが
すごく好きでした。例えば、掃除の時間に
なると教室にクラシック音楽が流れるん
です。その音楽が始まったら、ほうきを投
げて、ひたすらグルグル回っていました。
思い返してみると、何が面白いか全くわか
らないんですけど、すごくウケていて。そ
れが嬉しくて、いつもやっていたんです。
小学生の頃からそんなことばかりしてい
ました。

—— その頃から面白そうですね（笑）。
クラスの中ではどんな立ち位置だった
んですか？

　そうですね、いわゆるクラスの中心的な
人物ではなかったです。当時のいわゆる人
気者って、修学旅行や運動会などのイベン
トの写真を後日買う時に、女子に写真を買
われることとかあるじゃないですか。彼ら
は面白いし、活発だし、モテると思うんで
すけど、僕からしたら「そいつらの面白いは、
ちょっと違うんだよな～」と感じていまし
たね。自分と同じように考えている人たち
が同級生でもう2～3人ぐらいいて。そい

つらと、同じ温度感で面白いことを話して
いるのがすごく楽しかったですね。その時
の一人が相方の馬場でした。

—— 馬場さんとはその頃からの仲なん
ですね！ 具体的にはどんな遊びをして
いたのですか？

　地元が港町だったので、海沿いで遊ぶこ
とが多かったですね。海で泳ぐとか。よく
覚えているのは、船に手旗信号を送ること
にハマった時期があって。港で1時間くら
い手旗信号を送り続けていたんですよ。そ
れでたまにその信号が船に伝わってしま
うこともあって、実際に船が近づいてきた
ら逃げる…なんてことをしていましたね
（笑）。あとは、遊び場にしていた工場にあっ
た、よくわからない粉末。これをただ海に
流して、笑っているだけとか。他にも道ゆ
く犬に変な名前をひたすらつけ続けたこ
ともありました。例えば、おちょくったら
3メートルだけ襲いかかってきて、そのま
ま戻っていく犬に「3メートル戻り犬」と
名付けるとかですね。思い返すと、モテな
いやつらの遊びばかりをしていましたね。

—— その頃から遊びを開発するのが好き
だったんですね（笑）。すごく鮮明に昔のこ
とを覚えていて、記憶力がすごく良さそう
ですが、勉強も得意だったのですか？

　それが全然ダメでした。好きなものや興

味のあるもの以外は覚えられないんですよ。
塾に行っても、斜め前に座っていた女の子
の「パンツのゴムを伸ばしてはパチンと鳴
らす癖」がやたら気になったりして、勉強
もせず陰で人のまねばかりしてましたね。
そういう、勉強以外の面白いと思ったこと
ばかりに気がいってました。

　一番ひどかったのは高校生の頃ですね。
ヤンキーでもないのに、毎年進級試験で全
ての教科が追試になっていました。周りは
テストも終えて、クラスで球技大会などを
していたのですが、僕はそれに3年間出ら
れなかった。それでも留年だけはしなかっ
たんです。なぜならテスト以外の授業の時
間などで、先生にひたすら話しかけて喜ば
せて、ポイントを稼いでたんです。

　例えば、美術を担当していた先生の趣
味がマラソンだったんですよ。それをクラ
スメートから聞いて、「先生マラソンをずっ
とされているなんて、すごいですね！」と
授業のたびにその先生に話をしていまし
た。すると徐々に先生の方も話に乗ってく
るようになって…。そのおかげで美術の成
績は5になりましたね。課題を何も出して
いなくても、5。マラソン話をきっかけに、
先生にとにかく気に入ってもらえていま
したね。

—— この頃から人を喜ばす技術が長け
ていたんですね。秋山さんは北九州のご
出身とのことですが、上京したきっかけ
は何だったのですか？

先述のような遊びをしていたせいもあって、僕はそれまで彼女を一度もつくれませんでした。いわゆる「イケてないグループ」に所属していたんです。とはいえ、年頃ですから当然モテたくて、雑誌などはチェックしていました。そこにはよく「今のおしゃれスポットは代官山」みたいなことが書かれていて。だから、代官山にある、おしゃれな雑貨屋みたいなところで仕事をすれば、自分もモテるのではないかと思ったんですよ。

そして実際に上京後に代官山に行って、その街並みを見ました。すぐに「ここは自分が働く街ではないな」と気づきましたね（笑）。それで代官山はやめて、他の街のおしゃれそうなアルバイト先を探して、最終的に見つけたのが上野の帽子屋でした。ただ、その帽子屋はおじさん向けの渋めの雰囲気で…。当時の僕は、田舎者ながら偉そうに「ここで働くのもまた違うな」と思い、結局日雇いの掃除のアルバイトをして、食いつなぐようになりました。そしてアルバイトを続けていく中で、吉本総合芸能学院（nsc）の広告を見かけて、nscへと入学し、お笑いを始めたんです。

秋山竜次流アイデアの出し方

——秋山さんのネタのアイデアの出し方をお伺いしたいと思います。どのように

ネタを考えているのでしょうか？

昔のことを思い出してネタにするのは、かなり多いですね。あとは生活の中で、ちょっと違和感を覚えたようなモノや人、出来事からでしょうか。それらをネタ帳か携帯電話にメモしています。ネタ帳も使いますが携帯電話のほうがよく使いますね。携帯のメモ機能にはやりたい設定とか、色々整理して分けて書き溜めています。やりたい設定やどうでもいいようなジョークなど、とにかく思いついたことはそこに書いています。

そうやって溜めていったネタは、一番良い、出すべきタイミングで出すようにしています。「面白いことを思いついたらすぐ出す」ではないんです。具体的にいうと、ネタ番組やyoutube、誌面など、それぞれの媒体に合わせて放出するような感じです。

ネタの出し方は、思いついた遊びから派生していくことも多いです。例えば、製薬会社の出す薬って、名前を見るだけでその効能がわかることが多いですよね。「〇〇ヌール」や「〇〇ナオール」みたいな。効能をピックアップして、買いやすいようにしていると思うんです。それがすごく面白いなと思い、何かゲームにできないかなと考えたんです。そこから思いついたのが「ジーパンをはくと股間が蒸れるな〜。何か良い薬はないかな〜」みたいな症状に対して、わかりやすいタイトルを言うという遊びです。この場合は例えば「ジームレ」とか。

これは以前、ライブでお客さんを前にして行いました。あとは、食レポをすると、だいたいどんな人でも「甘い」って言うから、何を食べても「甘い」って答える遊びとかもしました。靴を舐めて「いやこれマジで甘いから！」って真剣に言って信じ込ませるんです。その模様を生配信したこともありました。そうやって、遊びでやってウケたものから、ネタに昇格させることも結構ありますね。

——昔から眠らせていた印象的なネタって、例えばどんなものがありますか？

昔から思いついていたネタでいうと、先日「便所のタンクの上に咲く花」と「実家の壁に住む専門のそばかす少女」という歌のネタをやりました。これは僕が小学生の頃から30年ぐらいずっと気になっていたことを取り上げたネタなんです。「なんで便所のタンクの上にわざわざ花を置くんだ？ むしろ不衛生だし、いらなくない？」「あのそばかすの少女は何のキャラクターなの？ あと、どこで買うの？」って、ずっと疑問に思っていたんですよ（笑）。このことをネタとして昇華しました。そして、満を持してこれを世に出した時に、すごく発散されたんですよ。ウケたのかどうかよりも、自分の胸の中にあったものが電波に乗って世に出たことがすごく気持ち良くて。企画をしてる人は、自分の好きなものや気になるものを絶対に持ち続けて、ここぞという時

に発散できるよう取り組んだほうがいいと思いますよ。

―― 今ではyoutubeなどもあり、ネタの吐き出し口も多いと思います。そのためネタも尽きてしまいそうですが、ネタ切れはしないのですか?

遊びを考えるだけなんで、なくなるということはないですね（笑）。これまでも2カ月に一度は、お客さんの前で先程のような遊びをするライブをやっていたんです。そこではホワイトボードに今まで書き溜めていた遊びをたくさん書いて、お客さんだけではなく馬場と山本もそこが初見で。そこで急に「人工ニコニコ生配信やろう」と言ってその場で遊ぶ。ライブで試しちゃうんです。このライブができる程度になら、遊びネタはいつでも溜まっていますね。とはいえ、遊びの精度も様々で、たまに3割ぐらいしか準備とかイメージができていなくて、ステージ上で残り7割を完成させるような形式でつくっちゃうこともあるんですが、意外とそうやってできたものも悪くないんです。むしろあえて、「半分くらいはその場のノリで乗り切っていく」と決めているネタもありますね。僕は結構アドリブが好きなんですよ。そして、それを見てキョトンとする相方の山本の顔を見るのがかなり好き（笑）。その顔はお客さんにもウケますね。

―― ネタを考える場所は決まっているのですか?

喫茶店が好きでよく行くので、そこで考えることはありますね。でも、どこで考えるのかは特に決まっていないです。歩いて

いる時に考えることもありますし。生活の中で変なものや笑いに変えられそうなものを見かけると、そこから膨らむことが多いですね。

撮影中に、後ろの方にいるだけの、なぜか圧をかけてくる謎の人とか見ると、「お前いつかネタにしてやるからな」とは思ったりもします（笑）。ラッパーの人たちがラップで相手を攻撃するみたいなふうに僕は、「ネタにして仕返しする」ような気持ちでネタをつくることも多くあります。

「クリエイターズ・ファイル」 での心得

―― クリエイターズ・ファイルで演じられているキャラクターには、どこか見覚えがあるような人も出てくるんですが、それぞれモデルがいるのですか?

どのキャラクターもハッキリしたモデルはいません。なんとなく自分のイメージでその人がいる世界全体を想像して、性格や着る服、どこに行きそうかなどの設定をつくっています。クリエイターズ・ファイルでは、想像して生み出した設定に合わせて衣装や小道具を用意していきます。それが増えていき、形ができあがっていくにつれて「現実にこんな人いる!」という意見が周りから挙がってくるんです。

僕は人の職業を想像してその人となりを想像するのが好きなんです。例えば嫁から「今日こんな人がいた」みたいな話を聞いた時、3つくらい見た目以外の特徴を聞くんですよ。その上で想像するんです。そ

れで「その人薄めのジーンズはいて、痩せてて、短髪だっただろう」とか言うと、そのまんま当たっていたりするんです。そんなこともあって、実際につくり上げたキャラクターにそっくりな人が本当に実在していたこともありました。構成作家と広告のクリエイターの役をやった時だったんですけど、すごく似ていて。周りからも「あの人をモチーフにしたの?」とよく聞かれるのですが、僕はその人に会ったこともなかったんですよ。だから全くの偶然。あれには驚きましたね。

―― クリエイターズ・ファイルは元々、フリーペーパーのコンテンツから始まったと思うのですが、そこで誕生したキャラクターが今では各企業の案件ともコラボするなど、他に類を見ない展開ですよね。

『Honto+』という月刊のフリーペーパーでの連載が始まりでした。この仕事をさせてもらっていた当初は、毎月コンスタントにネタを見せなければいけない状況になり、それが意外と新鮮で。半分は趣味に近い感覚ですごく楽しくやらせてもらっていました。それが今では、おかげさまで様々な案件をいただいています。クリエイターズ・ファイルは本当に大きく広がりましたね。

―― 秋山さんの世の中に対する観察力や表現力を伺っていると、広告のつくり手になっても、秋山さんならきっと活躍されると感じます。

ありがとうございます。広告でいうと、各企業からいただいた案件を扱う際は、さり気なくやるというか、広告っぽくならな

いように心がけています。「これ宣伝じゃん」と言われるのがすごく嫌なんですよ。だから、クリエイターズ・ファイルに来た案件に関しては「めちゃくちゃ宣伝はしませんよ？」と企業の方たちにも念を押しているんです。やはり宣伝感丸出しよりも、モノとしてちゃんと面白い方が結果的には宣伝になるような気もします。

また、たとえ案件だとしても、演じるキャラクターがやらないことはやらないし、言わない。キャラクターから逸脱しないことも決めています。例えば、子役の上杉みちくんの場合は、遠近法を使った演出にするとか、おもちゃのprにするとかですね。「子どもとして出演させてほしい」など、キャラクターごとの要望は必ず伝えています。そうしたらバンダイの案件では、本物の子役の方たちと一緒に僕も子役として、記者発表に出演させていただきました。ただ、どう絡んでいいのかわからなかったようで、子役の方にはドン引きされましたけどね（笑）。

―― 確かに、クリエイターズ・ファイルのコラボ案件はいつも広告臭があまり感じられなくて、コンテンツとしてしっかり面白いですもんね。

また、クリエイターズ・ファイルをやっていて思うのは、本当に良いものはしっかりと伝わるということです。僕はsnsをやっていないのですが、クリエイターズ・ファイルのネタを面白いと感じてもらえれば、たくさんのお客さんが拡散してくれるんです。だから、僕自身はsnsをやる必要がないなと。僕がやるべきなのは、お客さんに反応してもらえるような面白いことを

やり続けること。そこに専念していいと思わせてもらえたので、snsはやらないと割り切ることができました。

自分に歩み寄る人を
嗅ぎ分ける嗅覚を身につけろ

―― ここまでのお話をお聞きする限り、お笑い芸人は秋山さんの天職であると感じます。芸人を辞めたいと思ったことはあるのですか？

今まではないですね。『ドキュメンタル』や『ipponグランプリ』、賞レースなど、ピリピリしたプレッシャーを感じる仕事もありますが、それは裏を返せば求められているということなので。むしろ年に数回はピリピリした空気を味わっていないとダメだと思っています。

あとはたまたま良い流れに乗れたことも大きいですね。デビューしてすぐに『はねるのトびら』でレギュラーをやらせてもらえて、その後に開発した「体モノマネ」や「クリエイターズ・ファイル」もたまたまウケて。ありがたいことに節目に出したものが世間に引っかかることが多かったんです。そのため、あまり苦労した時期がなかった。僕はただふざけているのが好きで、それを世に出してやっているだけ。別に器用でもないし、ただ自分の得意なことをやっているだけなんです。だから得意ではないことは全然できませんよ。リアクションは相方のほうがうまいですし、食レポも顔でふざけてしまうから、ほとんど使われてないですし。だから求められていないところは、もういいやと割り切っ

ていますね。

―― もしお笑い芸人になっていなかったら、どんな人生を選んでいたと思いますか？

海が好きだから、海沿いの何かしらのビジネスをしているでしょうね（笑）。地元の北九州かもしくはもっと南のほうで、自分で何かを始めていると思います。

まあでも、自分の表現を色々な人に見てもらうのが好きなので、芸人以外の仕事というのは想像しづらいですね。会社でいうとさっきの話にも出ていましたが、広告の仕事が、企画を出すことができる仕事は楽しそうと思います。

就職活動をする人たちは、やはりある程度、その企業のどういうところが好きなのかというのはちゃんと調べたほうがいいでしょうね。自分ができることをしっかり発散できる会社なのかどうか、みたいなことを知った上で働かないと、つらいと思います。

―― 最後に学生の皆さんに向けて、メッセージをお願いします。

自分に歩み寄ってくる人を嗅ぎ分ける嗅覚が大切だと思います。インチキ臭い人は本当にインチキしてきますから（笑）。

あと、まずはとにかく愛想を良くすることも大切ですよ。嘘でもいいから愛想良くする。そうしないともらえるチャンスももらえなくなるぞ、と。とがっていてもいいんだけど、愛想よくしながらとがったほうがいい。そうやってチャンスを手に入れて、それを活かしてほしいと思います。どんな職業を選んだとしても、注意深くも愛想良く、楽しみながら生きてください！

ART DIRECTION & DESIGN

6

『クリ活2』編集長 インタビュー／座談会

Interview & Roundtable Discussion by Chief Editors

INTERV   EDITORS

3人の編集長によるインタビューと座談会です。インタビューでは、各編集長の赤裸々な就活話を掲載。座談会では、様々なクリエイターの方々との貴重な話や、印象深いフレーズなどを共有しました。アートディレクション・デザイン編以外でどういった話があったのかなど、ぜひご覧いただければと思います。

-Inter
-Works
-Stude

P94 P103

Yoshiyuki Inoto
Noriaki Onoe
Atsushi Otaki

DISCUSSION

**クリ活
編集長
就活話**

Q&A

デジタル
クリエイティブ編
大瀧篤

プランニング・
コピーライティング編
尾上永晃

アートディレクション・
デザイン編
井本善之

**自作漫画と
自作ゲームから始まった**

大瀧：井本さんはどんな子どもだったんですか？

井本：男3人兄弟の末っ子として生まれて、大学を卒業するまでずっと団地に住んでいました。エレベーターがなくて毎日5階まで階段で上がっていったおかげで、根性つきましたね（笑）。外で夕方まで遊んだ後は、ノートに描いた謎のRPGみたいなゲームで自作自演で遊んだり、自作の漫画をコソコソ描いたりして遊ぶ、なんとも悲しい子どもでした。中には、ノート40冊分連載していた『マンガ1』という、先を全く考えていないタイトルの格闘漫画や、『さぶちゃん』というおにぎりの形をした顔のキャラが出てくるナンセンスギャグ漫画みたいなのを描いてました。

尾上：クラスでは人気者だったんじゃないですか？

井本：全然です（笑）。原因はいまだ謎なんですが、ある時から、陰で「井本と話すな」的なブームが起きたりして。小学生の時、結構ポツンとしてる時期もありました。でも、その状況を救ってくれたのが、クラスでは

大人しくて目立たないゲーム好きの子たちでした。クラスで孤立していた僕を難なく仲間にしてくれて。それからゲームで遊ぶことも増えて、めちゃくちゃゲームうまくなりましたね（笑）。

大瀧：いい話ですね！

井本：その思い出もあって、「誰にでもフラットに接する人になろう」みたいなスタンスが固まった気がします。人とコミュニケーションを取るのが苦手な人や、内向的な人と話すのが好きなのは、小学校の原体験が大きいですね。色々な人と話せる能力は、今すごく役に立ってます。

美大を目指すきっかけ

大瀧：美大へはどういう流れで目指すようになったんですか？

井本：高校3年生になった段階で、美容師になろうかなと思っていました。勉強をとにかくサボりすぎて専門学校しか頭になかったのもありますが、手先は比較的器用で、色々な友人の髪や、自分の髪をずっと切っていましたし、オシャレな人になりたいなと思っていたのでちょうどいいかなと。そ

んなことを思っていたある日の放課後に、仲の良かったギャル男が、突如美大予備校に行くと言い始めたんです。それがきっかけで「美大って天才が目指すところじゃなくて、こんなギャル男でも目指せるの？ じゃあ俺も目指す！」というどうしようもない動機で美大を目指して、高校3年生の5月から美大予備校に通うようになりましたね。その彼は今、立派なアートディレクターになり、すてきな作品をつくり続けています。あの頃の彼の写真が流出したら、仕事上の信用問題に関わるかもしれません（笑）。

予備校に通い始めてわかったのが、自分という人間の薄っぺらさ。とにかく当時は学校で目立つ髪型と格好をして、「私は学校の中心的存在です」みたいな根拠のない雰囲気を出していれば格好つくと勘違いしていたんです。でも僕自身中身が驚くほど伴っていなくて。実際は何もできない自分を思い知ったんです。対して、予備校ではデッサンがうまい人がとにかくキラキラ見えて。どんな人でも、デッサンがうまければ誰もが称賛する。その様子に衝撃を受けて、「この世界、カッコいい！」と思いました。それまでのダサいスッカスカの自分を捨てて、とにかく中身やスキルのある男になりたくて、デッサンやデザインに没頭するようになっていきました。

学生時代の作品① 一人ハーレム　自己紹介ポスター。「自分は自分が好きだ」というだけのポスター。

大瀧:美大予備校って普通の予備校よりも色々楽しそうですね。

井本:楽しくもあり…きつくもあり…でしたね。何よりもうちの予備校の塾長の存在がセンセーショナルでした。その人はスキンヘッドにサングラスがトレードマークで、それまで見た中で一番衝撃的な大人でした。歯に衣着せぬというか、言うことなすことめちゃくちゃしてて(笑)。他の講師たちも色々な意味ですごい面々で、刺激的でしたね。

予備校では毎日デッサンと色彩構成を描き続けるんですが、受験前などは毎日1～2枚ずつ絵を完成させていって、黙々と絵と向き合っていました。ひたすら真剣に受験に向き合って、勉強するか、絵を描くか、ご飯食べるか、寝るかみたいな生活が続いて、精神が強くなりましたね。当時の自分にはストイックな環境が肌に合っていたので、環境的には良かったです。浪人中は精神的にも一番きつい時期でしたが、そこでのタフな経験が今となっては自分の礎になっています。

学生時代につくっていたもの

尾上:大学ではどんなものをつくっていたんですか?

井本:僕は、ただただ造形的にオシャレなものをつくるのは肌に合わなかったというか、それだけで自分らしさは出せなかったので、コンセプトに発見があるものか、ユーモア推し作品が多かったですね。周りの人間に褒められたり面白がってもらったり、「なるほど—」などと思ってもらうのが嬉しくて、そのために一生懸命頑張っていました。自分がただひたすらに表現したいものが特になかったので、逆に学校の課題に夢中に取り組んでいました。いかに共通課題の中で目立てるのかが、自分の中のモチベーションになっていましたね。当時から誰に求められるわけでもなくつくりたいものが溢れ出てくる人を見ると、心から尊敬します。

尾上:実際どのような授業があるんですか?

井本:当時の多摩美術大学のグラフィックデザイン学科でいうと1、2年は共通で基礎課題をやり続けるのですが、3年になると、好きな授業を4つほど選ぶシステムでした。僕は3年生の時、アートディレクションとグラフィックデザイン、アニメーション、広告映像の4授業を取っていたのですが、全授業課題が大変だったので、自分の作品をつくる余裕が全然ありませんでした。その分課題をとにかく真面目にやって、それをブラッシュアップさせて就職活動に使うものが多かったですね。

広告映像ではひたすらしょうもないギャグものをつくっていて、アニメーションではおおよそ就活では使えないような、理解困難なシュールなものをつくり続けていました。

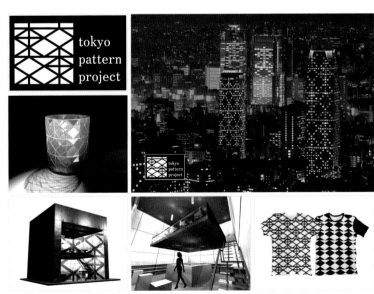

学生時代の作品② 東京パターンプロジェクト
「東京」を「NY」や「LA」のようにアイコニックな存在にさせるプロジェクト。

学生時代の作品③ 飲料の商品開発
体に浸透していくような野菜ジュースのアイデア。
街中で飲む行為自体がメディアになるようなボトルデザイン。

学生時代の作品④ アニメーション作品
ブラックな世界観の作品を10本弱制作

学生時代の作品⑤ 膝小僧が出てくる絆創膏のCM
学生時代の作品⑥「甘い恋に甘い味」がテーマの企業CM

入社採用試験実技課題の一例
「近い遠い」をテーマにビジュアル制作

井本：これは少年時代の漫画の影響が大きかったと思います。

アートディレクションやグラフィックデザインの授業では、周りとどう被らないか、どうやれば目立つか、みたいなことばかり考えていました。これは高校時代、目立ちたがり屋だったことが大きかったのかもしれません。

そう考えると表現って、結局幼少時から自分が経験してきた全てのことが個性につながるんだなと思いますね。

大瀧：他に就活で心がけたことはありましたか？

井本：自分が特別優秀とは、一度も思ったことがないのですが、だからといってあきらめたりすることだけはしませんでした。当時から会社と学生は相性だと思っており、その人なりの武器と会社が欲している能力がマッチすればその会社に受かるんだ、と割り切って考えていました。だから、無理して「一番優秀」な人間になることはあきらめて、自分の武器を最大限にアピールするためにはどうしたらいいのか、みたいなことは色々工夫して考えていたと思います。

例えばですが、僕の場合は一つのメインビジュアルが汎用性を持って展開されていく、みたいなものが得意だったので、そういうものはとことん展開して見せましたね。キービジュアルを決めてから、ポスターはもちろん、映像をつくったり服を縫ったり照明をつくったり、CGでパースを起こしたり、

何でもかんでも展開して。技術的にできないことは色々な友人に教えてもらいながら作成しました。就活中、大判出力だけでも50万円くらい投資しましたね。とにかく一か八か、やりきれるだけやりきりました。

実技試験に関しては、一つの課題に対してアイデアの幅を出すことを意識しました。その上で自分が得意な少しユーモラスな世界観をアピールしていきましたね。

ついでに言うと、清潔感のある髪型や服装を地味に意識していました（笑）。こういうことを考える美大生があまりいなさそうだったので、あえて黒髪短髪スーツで就活していたんです。全くおすすめはしませんが（笑）。

大瀧：広告会社の中で、就職先に電通を選んだ決め手は何だったんですか？

井本：影響力の大きな案件を数多く手がけていたことですかね。私が就職活動をしていた頃は、博報堂のほうが人気がありました。当時は博報堂のアートディレクターとして活躍している人たちが、スターみたいに注目されていましたからね。けれども、私は自分自身よりも、自分がつくった広告を有名にしたかった。それで電通の採用面接でも、オリンピックやワールドカップなど大きな仕事があることを志望理由として伝えました。あと、元々映像中心の人間なので、CM企画をやりたかったのも大きいですね。ホットペッパーみたいな面白いCM。そういうのも全部合わせてすごくピュアに電

通が好きって言えたし、その思いに迷いはなかったですね。

もがきながら、
自分だけの武器を磨く

尾上：入社してから、途中3年間くらい名古屋に行かれていたと思うのですが、名古屋ではどんな活動をされていたんですか？

井本：とにかく若くても自分一人でアートディレクターとしてしっかり責任を持って最後まで取り組んだり、CMプランナーどころかディレクターまでやらせてもらったり、クリエイティブディレクターとしてトータルで施策を考えさせてもらったり、東京ではできない経験をたくさんさせていただきました。その中でも、最も大きな目標として決めていたのが、東京に戻る前に海外のデザイン賞を取ることでした。いずれは企画を大事にしたスタイルを推していくつもりだったんですが、「デザインが苦手だから企画に逃げた」みたいには言われたくなかったんです。だからまずは、デザイン面でわかりやすい実績を示したかった。そうしてもがきまくった結果、名古屋時代の最後にD&AD賞やニューヨークADC賞 を受賞できました。そのことが、自分の中では大きな転機だったと思っています。電通に入社して初めて、目指したことをそのまま結果として出せたことだったかもしれません。そこから通常業務でも、肩の力を抜いて、自

会社の仕事① Single Stroke Architecture／東海工業専門学校　「どんな建築物も1本の線からはじまる。」をコンセプトにした、一筆描きのポスター

分がいいと思ったことが素直にできるようになっていった感じがありますね。賞みたいなものも、自然に後からついてくるようになりました。

大瀧: それから東京に戻って、アートディレクターとして活躍されてきたという流れなんですね。

井本: 活躍といっても、今でもずっともがき続けていますが・・・。周りにはセンスのある人ばかりで、その中で自分が対抗できる武器をずっと探し続けています。

アートディレクターに
必要なもの

尾上: 井本さんが思う、アートディレクターに向いている人の条件は何ですか?

井本: とにかくポジティブで、誠実な人が良いと思います。デザインは経験を重ねていくうちにうまくなるけど、性格はなかなか変えられるものではない。人の意見を素直に受け止めたり、相手の気持ちを思いやれるような人って、広告業界でも必ず良いものをつくれるようになると思うんですよね。
　僕がもし採用に関わるなら、作品の良し悪しはもちろん、その人が本能的に他人を大事にしているかどうかや、他人から愛されるかどうかも加味します。醸し出す雰囲気もありますし、誰も見ていないようなと

ころで気遣いができたり、エントリーシートの手書きの文字の雰囲気も見たりします。字を書くことが苦手でも気持ちを込めて丁寧に書いてるな、とか。メモを残す時にちょっとイラストを入れて可愛くするサービス精神がある人っているじゃないですか。そんなちょっとした気遣いのある人は、この業界向いていると思うんですよね(笑)。そういうことができる人は他人を大事にできる人だし、同時に、他人からも大事にされる人になっていくと思います。
　あとおいしいものがあったら他人に紹介したくなってしまう、みたいなことを思える人も広告業に向いていると思いますね。自分がいいと思ったものを紹介するのが好きというか。結局担当する商品や会社がどうやったら愛されるのかを考える仕事なので、このプロデュース精神みたいなものは、この仕事ですごく重要ですね。

大瀧: 井本さんにとってアートディレクションで大切なことはどんなことですか?

井本: 僕は格闘技を見るのが好きなので、武道に例えますと、相反する「合気道の精神」と「空手の精神」のバランスというのが重要だと思っています。
　「合気道の精神」というのは、いわゆる「応用力」や「柔軟性」みたいなことで、どんなお題でも、メディアにとらわれずデザインと企画の力で解決する方法を見いだす力。コミュニケーションの複雑化で、チームで一丸となって進めなければならなかった

り、日々巡りめく動く世の中に対して、影響力を与えるコミュニケーションを行うには、時代の空気を常に感じ取る必要があると思います。コンテンツをつくりながらも、チーム内でこまめにコミュニケーションをとったりして、チームの力を倍増させていく柔軟な姿勢も必要だと思います。
　「空手の精神」とは、自分なりのこだわり。強い芯。一つひとつの表現についてもそうですし、クリエイターとしての譲れない部分。やはり全ての人の言うことを聞いていたら一緒にやってる人も迷子になってしまう上、よくわからないものができあがってしまうので、しっかり自分の価値観を持っていることも重要だと思います。

尾上: では最後に、読者に向けて広告業界の魅力を教えてください。

井本: まずは人が面白い。広告業界には本当に色々なキャラクターを持つ人がいて、各々が自分の武器で戦っています。そういう刺激のある人たちと一緒に、大きく様々な壁を乗り越えていく過程はすごく楽しいですよ。達成感もありますし。
　そして何より飽きやすい人にピッタシの仕事です(笑)。様々な課題と向き合って、色々な表現を考え続けなければならないので、常に新鮮な状態でいられます。いまいちやりたいことが見つからない、たくさんの人と様々なことがしたい人がいましたら、ぜひ挑戦してみてください!

会社の仕事② DEKAVITA C「元気すぎるご当地キャラ」/サントリー食品インターナショナル

会社の仕事③ pino「ピノかわいいパッケージ50」/森永乳業

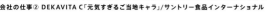

会社の仕事④「巨大クロネコ」/ヤマト運輸

会社の仕事⑤「OLD meets NEW!!」/ラコステ ジャパン

会社の仕事⑥ CHAI「N.E.O」/ソニー・ミュージックエンタテインメント

編集長座談会

── これからのクリエイター ──

『クリ活2〜アートディレクション・デザイン編〜』編集長の井本さん、『クリ活2〜プランニング・コピーライティング編〜』編集長の尾上さん、『クリ活2〜デジタルクリエイティブ編〜』編集長の大瀧さんと編集長3人が集い、座談会を実施しました。様々なクリエイターに会って感じたことから、これからの広告業界やクリエイティブ職はどうなるの？といった未来予想まで、語り合いました。

井本：取材をたくさんして、印象に残った人が多くいたと思います。大瀧さんどうでしたか？

大瀧：デジタルクリエイティブ編で取材した皆さん全て印象的でしたが、直近で取材させていただいたライゾマティクスの真鍋さんの一言が記憶に残っています。「次々に出てくるテクノロジーの新しさを追っていく中で疲れて立ち止まる瞬間ってありますか」と聞いたら、「そうならないように常に、自分が新人でいられる場所を持っておく」と答えてくれました。例えば日本だと第一人者扱いをされてしまうから、自分のことを知らない人も多い海外の展示会仕事にあえて身を置くそうです。そこでは新人としての作業もすることになる。新人の初心と緊張を常に持つことで、走り続けられると。僕らのように、ある程度仕事をしてきた人間にとってもすごく参考になる話でしたし、学生の皆さんにとっても勇気をもらう言葉なのではと思います。

尾上：プランニング・コピーライティング編では、ほとんど全員にトラウマがあるのが特徴的でしたね（笑）。過去にあった何か嫌なこと、学生時代パッとしなかったことを払拭するために、今頑張ってやっているという話が多かったです。

井本：アートディレクション・デザイン編も、本当に皆さん個性がバラバラで、全ての話が印象的でしたね。活躍されているアートディレクターの皆さんのお話はもちろん、特にロバートの秋山さんの企画方法を伺ったり、予備校時代の後輩でもある漫画家のかっぴーの話が聞けたのは、就活本としてはレアな人選で自分もワクワクしましたね（笑）。

大瀧：井本さんは2013年発刊の『クリ活1』から携わっていますよね。時代の変化なども含めて前回との違いはありましたか？

井本：1の時よりも、クリエイターの方々がどういうことを考えてモノづくりをしているか、どのような人生を経てセンスや感覚を形成したのかなど、就職活動以外にも突っ込んだ話を聞けたのは良かったですね。結局、一周回ってその話一つひとつが就活にも関わってきたりします。

単純に「アートディレクター」の幅も7年前と随分変わって広がった印象があります。ジャンルの違う色々な人に話が聞けたのはすごく良かったですね。学生の方々も幅広く参考になりそう。

特に時代の変化を感じたのは、Takramの田川さんやデザインシップの広野さんに出ていただいた点。クリエイターでありながらビジネスパーソン。新しい次元でアートを武器にしたクリエイターという感じでした。世の中の潮流も、アート思考がビジネスに入り込んでいく流れになってきているので、その先頭を走っている人の話を聞けたのは新鮮でした。

佐藤可士和さんも、前回に比べさらにビジネス領域にアップデートしていましたね。アートディレクターが経営者と対等に話すためには、自分が独立して経営者の気持ちを理解することがコツ、みたいな話があり、興味深かったです。

尾上：TBWA\HAKUHODOに所属しながらNEWSという会社を立ち上げられた梅田さんも同じことを言っていました。自分で事業をやっている感覚がないと経営者と対等に話せない。今は事業を立ち上げるコストも下がってきているので、こういった人は増えるだろうと。自身で起業し体験したり学んだりしたことをお互いの業務に活かす、という考えみたいです。

一方でブルーパドルの佐藤さんは、副業などがきっかけになってもっと色々なジャンルを越境するクリエイターが増えると、面白いことが起きるはずと話していました。アイデアは違うものがぶつかった時に生まれますし、『クリ活3』がもし今後発刊されるなら、農家や公務員などとの兼業クリエイターが誌面に並んでいるかもしれませんね。

井本：兼業クリエイター、面白いね。確かに別で1冊つくれそう！

大瀧：デジタルクリエイティブ編は転職している方が多く、その話を聞くのは新鮮でした。海外だと転職のペースは今回話を伺った方々の平均では3年から5年ほど。僕みたいに10年も同じ会社にいるのはレアということになりますね。

現に、この本の原稿をまとめるタイミングで新しいフィールドに転職された方もいました。長年、R/GAのNY本社でNikeの「FuelBand」の開発をはじめとする多くのプロジェクトでクリエイティブテクノロジストとして活躍されてきた富永さんです。学生時代、ファッションとイラストの勉強をしていて、海外でジョブチェンジが当たり前な世界で働いていたら、いつの間に

かデザインもできるし、コーディングもできるようになって…今では色々と任されるようになったと。ソフトウェア開発の世界で用いられる「アジャイル（状況の変化に応じながらも俊敏な対応）」という言葉で話されていましたが、まさにアジャイルにキャリアアップをされていました。

尾上：広告業界は、応用が利く業界だという話は僕も聞きました。入社して最初に、とにかく様々なクライアントや仕事を担当するじゃないですか。あれもやってこれもやってと。普通だと一つのことを突き詰めていくもの。だから、そこで身についたものはその後どこに行っても役に立つ。就活時に何をやるか悩んだら、まずは広告業界でいいなんて話も。明確にやりたいことがないんだったら、ファーストキャリアとして適していると思います。

井本：飽きないですよね。僕はもう13年、新卒から電通だけど、一つの会社にいる感じがしない。

広告業界の人たちも、自分からやりたいことを発信していく人が増えてきた気がします。そんな中で、全く違う業界にいる芸人のロバート秋山さんから話を聞いたのは面白かったです。まさに自分でゼロからアイデアを出す人。そういう人の話を聞いて、能動的なモノづくりのマインドを持つきっかけになればいいなと。あの人ほどのアイデアマンって、本当になかなかいないと思うし、クリエイターとして輝いている。

ロバート秋山さんの話は独特で、ネタのつくり方が面白かった。小さい頃から「変な遊び」を考えることが好きらしいです。

そういう「遊びのストック」を、まずとにかく集める。それを番組の特性に合わせて3分に収めたり、コントにしたり、遊びのまま出したり。みんな、お題を出されて、「さ、考えなくちゃ」となるけど、それだと自分のやりたいことができない。まずは自分の好きなことを貯めることが大切だと話してくれました。

大瀧：デジタルクリエイティブ編にも通じますね。自分でつくることが好きな人がいっぱいいて、普段、自主制作やチーム内でのアイデアの種づくりをしていて、何かお題が来たら、それを仕事に取り込むぞ！という人が多かったです。3人ほど例を挙げます。まず、BIRDMANのCTOであるコバヤシタケルさんは「今、最も興味があるテクノロジーを持っておく」ことで、お題が来た時にパッと提案できるし実ることが多いと。さらに好きなことなので、より前のめりに仕事に取り組むことができると話してくれました。

電通の保持さんは、Honda Internaviのチームで「こういうデータを使った表現があるよ」といった情報をメンバーの職域を超えてシェアし合いながら、みんな違う角度から考えを持ち寄って貯めておいた。そして、チャンスが来て、「Sound of Honda / Ayrton Senna 1989」で実ったそうです。

WOWの森田さんも近い話をしていましたね。エンジニアチームを中心にSlackで使いたい技術や機器の情報をシェアし合っている。表現に使えそうなネタをみんなで出し合う。そして、それをクライアントワークやオリジナルワークに利用してしまう。

大瀧:共通して、佐藤雅彦さん（編注:元電通のクリエイティブディレクター。現在は東京藝術大学で教鞭をとる）とユーフラテスチーム（編注:慶應義塾大学佐藤雅彦研究室の卒業生からなるクリエイティブグループ）が大事にしているという、「表現以前」を貯めていくという話に通じるなと思いました。今は表現をしていない学生でも、仮説をストックし、試したいと思う研究気質な人は、この仕事に向いているかもしれません。

尾上:自分も面白いネタを見つけた時は共有したいタイプです。あの人だったらどんな反応をするかな？というのをうかがいたいからです。チームでも視座を揃えるために、仕事に関係するニュースをよく共有しています。

井本:みんなで情報を共有して高め合う。そういうことをどのチームでもできたらいいですね。

尾上:ポルトガルに美食の街として有名なサンセバスチャンという街があって。街中は星付きのレストランばかりなのです。理由はレシピを共有し合って、みんなで高め合って良い品を出しているからだそうです。まさにそういうチームができるといいですよね。

大瀧:デジタルの世界にも、ソースコードを公開して「自由に使ってね」というオープンソース文化があります。コラボレーションを促す土壌ができているのはすてきなところだなと。そういったプラットフォームや思想を広告業界にもインストールしていけたらいいなと思いますね。

尾上:今後はデザインができて、プログラミングもでき、さらには、企画も考えられる。そんなハイブリッド人材が増えていくはずです。そんな人がアートにもデジタルにもプランニングにも進みたいけど迷っているとしたら、何を決め手に進む道を選べばいいのでしょうか？

大瀧:そういう人、これから増えそう。どんな領域でもハマる人。実際に、最近の若手社員もそういった人材が増えている印象があります。

Yoshiyuki Imoto

> どんどん各自が
> 領域侵犯し合っていくと、
> もっと面白くなっていきそうです。

井本:ハイブリッド人材は今後絶対的に需要がありそうですね。Takramの田川さんもそういう人がほしいと言っていました。ハイブリッドな人がどういう道に進むべきなのかは、結局その人が何を軸にしたいか、によると思います。肩書きをどうしたいか、みたいな。どうであれ、どこに入っても需要はあると思う。ポジションが2個以上ある人。

大瀧:「越境」ですね。軸となる領域を持ちつつ、別の領域へ広げていく。
　デジタルクリエイティブ編では、会社の仕事と自分の制作活動を並行してやりたいという人もいました。例えば、アーティスト活動をしながら働きたいから、この業界が良いと思って入ったという人も。若手の方々は特に、外での活動が回り回って本職でのクオリティーアップや他の人材との差別化につながっていると感じている人が多かったように思います。私自身も、「世界ゆるスポーツ協会」でのスポーツ制作が広告仕事にも活きているので、実感できました。

尾上:プランナーは個人で、制作活動している人は少なかったですね。仕事の幅がどんどん広がって、満足できているのかもしれない。プランナーはどこででも活躍できるジョーカーみたいなものだから。
　コピーライターの方々にも取材しました。コピーライターといっても、いわゆるコピーのみではなく、言葉を軸に、方向をまとめ、運動をつくっていく、企業のど真ん中の課題を解決する人。コピーライターで今トップクリエイターになっている人は、みんなその技能を持っているように思えます。年齢を重ねるとピーライターはやれることが増えるのだなと希望が湧きました。

大瀧:課題やプロセスが複雑になってきた昨今、「あそこに向かうぞ」と示せる人が以前にも増して求められていますね。

尾上:あ、それ秋元康さんも言っていた。クリエイティブディレクターに必要な能力とは、全員が森に放り出された時に、「あっちだ」と自信を持って進んで行くこと。合っているかどうかではなく。自信がなくても歩く。間違っていたらその都度変える。そのほうが、結局出口を見つけるの

> 普段では絶対出会わない面々が
> チームを組むようになると面白いですね。

が早いという話です。その道標となるのが、アート・デザインなのか、コード・テクノロジーなのか、言葉・企画なのか、そこで分かれるのだと思います。

井本： そういう意味ではアートディレクター出身のクリエイティブディレクターってまだまだ少ないんですよね。でも本当は尾上さんが言ったようにアート指標でクリエイティブディレクションはできるはず。佐藤可士和さんが最大の成功事例ですが。

onehappyの小杉さんも、ワンビジュアルでチームをグイッと引っ張れる人。クリエイティブディレクターとしての仕事もこれからどんどん増えそうに感じました。仕事の進め方も興味深くて、とにかくロゴやビジュアルをスピーディーにつくってチームに速攻で共有して、ビジュアルで会話する。その度にこまめにクライアントともやりとりして、クライアントを巻き込んで一緒にモノづくりする。そんな変則的な進め方みたいで。まあ小杉さんからしてみれば、これは数ある進め方の一例だとは思いますが。とはいえ、そのやり方はクライアントの意見も都度聞くし、迷子にならない。そしてより一層強固なチー

ムになれる。小杉さんはコミュニケーション能力が超高いけど、そうではないアートディレクターも、ビジュアルで会話してクリエイティブディレクションしていく、という意味では、色々な人にとって参考になる気がしました。

大瀧： デジタルもそれに近いですね。プロトタイプをつくってしまって、さわり心地とか使い勝手とか、みんなで一緒に体験して、お互いにワイワイ言い合って高めていく。そして、それを制作チームだけでなくてクライアントも一緒になることでワンチームなモノづくりに発展させることが最大のポイントです。フラットに、全員仲間という感じが重要です。

井本： そういえば、デジタル畑の後輩Eが、試行錯誤こそが一番大事で、アイデアを出した人が一番偉いみたいな広告業界の文化はクソだって言っていた話がすごく好きで（笑）。一番時間のかかっているデザイン定着やプロトタイプ開発をしている人と、最初に企画した人が並列に評価されるような流れにしたいと。その話を聞いた時に、なんかすごくいいなと思いましたね。

大瀧： それはありますね。デジタルクリエイティブの特徴って、実装までにアイデアも技術もみんなで乗せまくっているから、最終的にはいい意味で誰のアイデアかわからなかったりします（笑）。チーム全員がそれぞれオンリーワンな武器を持って戦っているので、誰が偉いとかではなく、リスペクトし合っている文化だなと。メインボーカルがいるバンドというより、みんなで即興を楽しむジャズのセッションというイメージに近いかもしれないですね。

井本： チームで一つのことをつくり上げるっていいな、と思う。それが僕らの仕事の最高の喜びなのかもしれないですね。

尾上： 実際こんな感じで話をしていて、アイデアって出てきたりしますしね。それがこの業界の醍醐味。この考え方、この仕事の仕方がもっと広まるといいですね。

そして『クリ活』を通して、普通では絶対出会わない経歴（各々の経歴はそれぞれのクリ活をチェック！）の面々が出会って、チームで何かを目指す。そんなことが起きると面白いですね。

> 自分なりの武器で
> 「あそこに向かうぞ」を示せる人が、
> より必要な時代だと思います。

KURI-KATSU 2

KURI-KATSU 2

KURI-KATSU 2

7

企業紹介

A List of Creative Companies

どこの会社がどんな広告をつくっているかわからない…。
ほとんどの方がそうだと思います。名前はそんなに知られ
ていなくても、すてきな作品をつくっている会社はたくさん
あります。そういった会社を皆さんに知っていただくきっかけ
となれば幸いです。

-Contact
-Charac
-Works

P104 P121

212 COMPANIES

KURIKATSU Second
KURIKATSU Second
KURIKATSU Second
KURIKATSU Second
KURIKATSU Second

creative companies

CREATIVE · CREATIVE · CREATIVE · CREATIVE
COMPANIES · COMPANIES · COMPANIES · COMPANIES

株式会社スコープ

address：〒102-0071 東京都千代田区富士見2丁目10番2号 飯田橋グラン・ブルーム28階
URL：www.scope-inc.co.jp／　mail：s-saiyo@scope-inc.co.jp　tel：03-3556-7613　fax：03-3556-7630

設立：1989年4月1日　資本金：3500万円
売上高：161億円（2020年3月期）　代表：横山 繁
社員数：241人（2020年4月現在）　平均年齢：41才
クリエイター数：81人（2020年4月現在）

スコープはセールスプロモーション（SP）を中心に企画・制作・運営を行う総合広告会社です。小売チェーンや商業施設、メーカー企業（食品・日用品・自動車）など、大手企業をクライアントに消費者に近い様々なプロモーションを提供しています。

アリオ スイッチだらけのゴールデンウィーク／
株式会社セブン＆アイ・クリエイトリンク／
インストア・プロモーションの企画・実施

WOWOW本社 WALLART／
株式会社WOWOW／
オフィスデザイン

Calbee 大収穫祭2018／
カルビー株式会社／
売場販促物・告知パッケージ制作・景品
製造・DM・告知動画・事務局運営など

株式会社伝創社

address：〒160-0023 東京都新宿区西新宿1-24-1 エステック情報ビル19F
URL：www.densosha.com／　mail：saiyo@densosha.com　tel：03-5381-2001　fax：03-5381-2002

設立：1978年　資本金：1億2000万円
代表：東 俊弥　社員数：23人　クリエイター数：5人

創立から40年、様々な業界・業種の企業広告・CI・ブランディングをはじめ、メディアプラン、商品広告・販促、Web、映像、イベント、広報活動などすべてを提供しています。お客様の利益に貢献することを第一に考え、実行する体制が構築されています。

三菱UFJ銀行／
WIREDタイアップ

アルプスアルパイン／広告デザイン

MTコスメティクス／sweetタイアップ広告

フェロールーム株式会社

address：〒160-0004 東京都新宿区四谷3-12 フロンティア四谷4F
URL：www.fellowroom.co.jp／　mail：info@fellowroom.co.jp　tel：03-3355-7110　fax：03-3355-7112

設立：1960年　資本金：2200万円
売上高：16億円（2019年8月決算）
代表：太田 哲史　平均年齢：38才
社員数：70人　クリエイター数：40人

自動車メーカー「SUBARU」の広告を中心に制作しています。マーケティングや商品カタログ、SP、PR誌、Webなど幅広く制作。代理店を通さないクライアントとの直取引。

SUBARU／商品カタログ「LEVORG」

SUBARU／ポスター「SUBARU XV」

SUBARU／PR誌「カートピア」

ウルトラスーパーニュー株式会社

address：〒150-0001 東京都渋谷区神宮前1-1-3
URL：ultrasupernew.com mail：mail@ultrasupernew.com tel：03-6432-9350

設立：2007年1月16日 資本金：1000万円
売上高：6億2860万円（2019年6月決算）
代表：村上智一 平均年齢：33.6才
社員数：24人 クリエイター数：16人

グローバルブランドのお仕事に国際色豊かな職場環境で携われること。公用語は英語です。また、シンガポールと台湾にも拠点があるため、現地との交流、プロジェクトが日常だったり海外出張の機会もあります。弊社1Fではアートギャラリーも運営しております。

ウーバーイーツ/テレビCM
（錦織圭&クッキー！/黒柳徹子&小松菜奈/
阿部寛&山田孝之）

タバスコ/
ソーシャルメディア用
コンテンツ制作全般

SKYNコンドーム/
東京レインボープライドイベント用
ブースデザイン（コンドーム試着室）

株式会社クラフトワールドワイド

address：〒107-0062 東京都港区南青山1-1-1 新青山ビル東館
URL：www.craftww.com/ mail：contact@mccannwg.co.jp tel：03-5414-5651 fax：03-5414-5652

設立：2001年6月1日 資本金：1000万円
代表：嶋田仁 社員数：40人
クリエイター数：20人 平均年齢：38才

米国マッキャンワールドグループ傘下の制作会社です。グローバルクライアントの日本での広告展開や、日系得意先の国内外広告制作など幅広い業務機会があります。アジアや欧米の同僚と制作プロジェクトを進めたり、グローバル業務を経験する機会も豊富です。

東レ株式会社/ブランディング広告

株式会社モスフードサービス/店頭広告

日の丸交通株式会社/リクルート広告（ポスター）

クリエイティブコミュニケイションズ株式会社レマン

address：〒150-0002 東京都渋谷区渋谷1-19-25
URL：www.cc-lesmains.co.jp/ mail：info@cc-lesmains.co.jp tel：03-3407-1013 fax：03-3407-1598

設立：1978年 資本金：4800万円
代表：大橋清一 社員数：104人
クリエイター数：91人 平均年齢：38.1才

「コミュニケイションを、お客様と共に考え、創造する」を理念に、独立したクリエイティブ・カンパニーとして活動。デザイナーは、戦略・コンセプトの策定から各種広告・販促ツールやWeb、動画などにおけるデザイン制作まで、幅広い領域を担当しています。

本田技研工業/NSX/カタログ

本田技研工業/
Honda e/リーフレット

RICOH/THETA/カタログ

株式会社ステッチ

address:〒102-0083 東京都千代田区麹町3-3-8
URL:stitch.co.jp/　tel:03-3511-2777　fax:03-3511-2788

設立:1997年　資本金:1000万円
売上高:5億1000万円(2020年3月決算)
代表:細谷 洋平　社員数:49人
クリエイター数:21人　平均年齢:33.5才

Webサイト、広告、映像、デジタル施策などメディアの枠にとらわれずに企画・制作を行っています。

株式会社ルミネ/Webサイト

スポーツジム ジェクサー/Webサイト

2020年度グッドデザイン賞受賞
みまもりレシート

株式会社日本デザインセンター

address:〒104-0061 東京都中央区銀座4-9-13 銀座4丁目タワー
URL:www.ndc.co.jp/　mail:recruit@ndc.co.jp　tel:03-6264-0301　fax:03-6264-0309

設立:1959年12月26日　資本金:4500万円
売上高:57億362万円(2020年6月決算)
代表:原研哉　社員数:268人
クリエイター数:189人　平均年齢:41.1才

ものごとの本質を見極め、目に見えるかたちにする。日本デザインセンターは「VISUALIZE」という職能で、価値創造に貢献していく会社、クリエイターが生み出すクリエーションを資本とする会社です。

Muji掃除キャンペーン

LINNE LENS

Osaka Metro

株式会社ハウラー

address:〒107-0052 東京都港区赤坂2-8-11 第11赤坂葵ビル2F
URL:howrah.co.jp　mail:info@howrah.co.jp　tel:03-5797-7244　fax:03-5797-7245

設立:2002年　資本金:1000万円
代表:阿倍 克英　社員数:正社員6人/契約社員数4人
クリエイター数:6人　平均年齢:34才

教育関連を軸に、幅広いクリエイティブを展開。官公庁、地方自治体など公共機関の実績が多数あります。デザイナー、コピーライターともに戦略立案、創作アイデア起草まで、クリエイティブ全般に従事しています。

教育機関の広報プロモーション

医療機関の広報プロモーション

官公庁、地方自治体などの広報プロモーション

株式会社ボウス

総合制作会社

address：〒105-0003 東京都港区西新橋2丁目2-2 澤ビルディング5F
URL：www.both-inc.co.jp/　mail：info@both-inc.co.jp　tel：03-6206-1815　fax：03-6206-1816

設立：2011年　資本金：800万円
売上高：2億8300万円(2019年9月決算)
代表：奈良 政弥　社員数：13人
クリエイター数：10人

大手広告会社、直クライアントと幅広い取引となりますので、グラフィックデザインを中心に、新しいメディアやジャンルへの取り組みにも積極的にチャレンジし、幅広いクリエイティブを提案しています。

グアム政府観光局/グラフィック広告

PUMA/グラフィック・デジタル広告

バーガーキング/グラフィック・店舗装飾

株式会社アクロバット

グラフィック制作会社

address：〒150-0002 東京都渋谷区渋谷1-4-12 富田ビル6F
URL：www.acrobat.co.jp　mail：info@acrobat.co.jp　tel：03-5464-3981　fax：03-5464-3982

設立：2000年　資本金：1010万円
売上高：3億6300万円(2020年1月決算)
代表：杉谷 一郎　社員数：25人
クリエイター数：24人　平均年齢：35才

マス広告を中心に、グラフィック・Web・動画をワンストップで展開する広告制作会社です。お客様は、広告代理店各社と直クライアント各社。多種多彩なクリエイティブを手がけています。

たなかいも/キービジュアル

ニューオークボ/ポスター

マテリアプリマ/パッケージ

株式会社イングラ

グラフィック制作会社

address：〒810-0001 福岡県福岡市中央区天神3-11-22 Wビルディング天神8F
URL：www.hiqu.jp/index.html　mail：info@hiqu.jp　tel：092-985-5000　fax：092-985-5001

設立：2011年　資本金：500万円
売上高：7627万円(2020年3月決算)
代表：野呂 英俊　社員数：14人
クリエイター数：8人　平均年齢：30.3才

永続的でハイクオリティーなブランディングを中心に、広告・ツール・プロダクト・空間など、モノに制限を設けず幅広い提案と制作を行っています。また「働く側もストレスフリーな環境」をめざし19時半完全退社を掲げるなど、社員のことも大切にした会社です。

釣り具メーカー/ブランディングツール

靴メーカー/ブランドブック

HIQU ROOM/空間デザイン

株式会社オンド

address:〒107-0062 東京都港区南青山5-10-2 第2九曜ビル5F
URL:www.onde.co.jp mail:info@onde.co.jp tel:03-3486-1460 fax:03-3486-1461

設立:1999年 資本金:1000万円
代表:佐藤 章 社員数:31人
クリエイター数:22人

ダイレクトマーケティングをはじめとしたセールスプロモーションの企画から媒体制作までを一貫して行い、企業の"想い"を生活者に的確に届けるためのサポートをいたします。個性豊かなスタッフが目指すのは、効率より情熱を持った血の通うクリエイティブです。

ライトアップショッピングクラブ/
通販カタログ

東武百貨店/
ギフトカタログ

2020秋の東美会

TANK株式会社

address:〒104-0041 東京都中央区新富1-1-6 アサヒビル2F
URL:www.ta-nk.co.jp/ mail:info@ta-nk.co.jp tel:03-5244-9666 fax:03-5244-9669

設立:2020年1月 資本金:990万円
代表:中山 研一 社員数:4人
クリエイター数:3人

大手企業から直接ご依頼のパッケージデザインが全体の6〜8割。食品、菓子、飲料、製薬会社の案件が多いです。広告やSP、CIなどデザインとWeb監修も手掛けています。デザインの基礎をしっかり鍛え実力を備えたクリエイターになれる環境がTANKにはあります。

TANKのシンボルオブジェクト

左:ヤッホーブルーイング
右:山縣本店/パッケージデザイン

文化通信社/グラフィック広告

Desired Line Studio デザイアドライン株式会社

address:〒166-0003 東京都杉並区高円寺南4-7-13 第二久万乃ビル2階
URL:www.desiredline.jp mail:info@desiredline.jp tel:03-5913-7075

設立:2011年 資本金:500万円
売上高:6600万円(2020年7月時点)
代表:堤 謙太郎 社員数:5人
クリエイター数:5人 平均年齢:32才

和気あいあいとした雰囲気で、ベテランADにも気軽に相談ができ、ブラッシュアップしてもらえることで新入社員でもデザインが採用されやすいです。またクライアントとの直接取引が多いので、アイデアを提案できたりとデザイナーとして楽しめる事が多いです。

hierbas/ポスター

Expotion/パッケージ

TUFF VINYL/Webサイト・ロゴ作成

株式会社ハンドコーポレーション

address:〒150-0044 東京都渋谷区円山町5-4 道玄坂ビル4F
URL:www.handcorp.jp mail:info@handcorp.jp tel:03-3496-5535 fax:03-3476-4842

設立:1971年 資本金:1500万円
売上高:約1億円(2020年9月決算)
代表:中島 孝司 社員数:5人
クリエイター数:2人 平均年齢:40才

「点ではなく、面の仕事を。」「思考こそが、クリエイティブを決める。」
この2つの信念を胸に、人に会社に頼られ、輝く存在であること。
それが私たちの目指す姿です。

PARCO「WHITE CINE QUINTO」

サッポロビール「SORACHI1984」

ニッポン放送「オールナイトニッポン」

株式会社リッシ

[大阪]address:〒540-0036 大阪府大阪市中央区船越町1-2-1 渡辺ビル4F tel:06-4794-1500 fax:06-4794-1501
[東京]address:〒105-0003 東京都港区西新橋2-22-1 西新橋2丁目森ビル1F tel:03-5733-8877 fax:03-5733-8878
URL:www.rissiinc.jp mail:info@rissiinc.jp

設立:2004年 資本金:1000万円 売上高:6億円
代表:村川 貴史 社員数:34人
クリエイター数:28人 平均年齢:34.5才

クリエイティブファーストで課題解決にクオリティー高くコミット、メディアを横断する
ようなクリエイティブやディレクションをします。コミュニケーションを大事に物事に
楽しく能動的に取組める環境や働き方を目指し柔軟に進化させる。プロとしての
自由がある。

TWANY/グラフィック広告・ロゴデザイン

PERSOL/グラフィック広告全般

KOYAMA/グラフィック広告

株式会社ローグクリエイティブ

address:〒150-0001 東京都渋谷区神宮前5丁目41番1号 ヴィラ青葉201号室
URL:www.logue-c.co.jp mail:info@logue-c.co.jp お問い合わせはメールにてお願い申し上げます。

設立:1996年4月3日(創業1995年7月27日)
資本金:1000万円 売上高:1億2176万円(2020年4月決算)
代表:馬場 貴裕 社員数:15人 クリエイター数:13人
平均年齢:34才

創業25年以上。未来を楽しみながら一人ひとりが輝ける環境を目指し、2021年
1月より原則在宅勤務会社(本社表参道)とし活動開始。通常制作業務とは別に、
個の力を大切にするため(ローグループ展・ローグオリジナル商品)等の活動も
はじめる。事業内容他、詳しい情報はHPをご覧いただけますと幸いです。

ベネッセコーポレーション/
こどもちゃれんじEnglish/ABC絵本

ベネッセコーポレーション/
こどもちゃれんじ/DM

かくりき商店/会社案内

株式会社フラッグ

CM・Web・映像制作会社

address：〒150-0011 東京都渋谷区東1-29-3 渋谷ブリッジ6F

URL：www.flag-pictures.co.jp/ mail：job@flag-pictures.co.jp tel：03-5774-6398 fax：03-5468-5284

設立：2004年 資本金：2400万円
売上高：31.5億円(2019年9月決算)
代表：久保 浩章 社員数：202人
クリエイター数：159人 平均年齢：33.2才

プランニング×クリエイティブ×プロモーションで多様な課題を解決するデジタルエージェンシーです。オンラインコミュニケーションを強みとしたクリエイティブ事業・プロモーション事業、さらには映画配給宣伝事業・グローバル事業などを展開しています。

デジタルプロモーション全般/
Netflix/Web

Beauty of line
(BOVA2016準グランプリ・ADFEST2017
ブロンズ受賞)/パイロットコーポレーション/Web

有田プロレスインターナショナル/
自社企画・製作/Amazon Prime Video

株式会社アクアリング

デジタルエージェンシー

address：〒460-0008 愛知県名古屋市中区栄3丁目19-8 栄ミナミ平和ビル7F

URL：www.aquaring.co.jp mail：recruit-info@aquaring.co.jp tel：052-249-7700 fax：052-249-7750

設立：2000年 資本金：2500万円
代表：茂森 仙直 社員数：83人
クリエイター数：74人 平均年齢：35.3才

大手企業を中心に、デジタルを起点とした課題解決に欠かせないパートナーとして、コミュニケーション戦略やブランディング領域において、主に「UX/UIデザイン」「Web・デジタル領域の開発」によりクライアントを支援しています。

中部国際空港 セントレア/Webサイト

デンソー/Webサイト

日本財団「子どもサポートプロジェクト」/Webサイト

株式会社ジーピーオンライン

デジタルクリエイティブ制作会社

[大阪]address：〒530-0004 大阪府大阪市北区堂島浜2丁目2-28 堂島アクシスビル3F tel：06-6343-9363 fax：06-6343-9364

[東京]address：〒150-0041 東京都渋谷区神南1-6-6 OZAWA BUILDING5F tel：03-6416-0916 fax：03-6416-0917

URL：www.gpol.co.jp/ mail：recruit@gpol.co.jp

設立：2001年 資本金：4000万円
代表：豊永 豊 平均年齢：30.9才
社員数：70人 クリエイター数：15人

私たちジーピーオンラインは、今年創業20周年を迎えるWebの企画・制作会社です。大手の広告会社やメーカーとの取り引きが多く、企業のブランドサイトやプロモーションサイト、数万人の会員数を誇るWebサービスの開発など、多種多様なプロジェクトを手がけています。

Peach Aviation株式会社/採用サイト

HondaJet Japan/ブランドサイト

辻調グループ/学校案内サイト

ゲンスラー・アンド・アソシエイツ・インターナショナル・リミテッド

総合デザイン
設計会社

address：〒107-0062 東京都港区南青山2-11-16 METLIFE青山ビル2F
URL：www.gensler.com/offices/tokyo　mail：career-tk@gensler.com　tel：03-6863-5300

設立：1993年　代表：日本における代表者
サラ・ベイダー　松下 千恵
社員数：90人（2020年6月現在）
クリエイター数：80人　平均年齢：38才

ゲンスラーは世界50か所で事業を展開する世界最大級のデザイン設計会社です。従来の建築設計の枠を超え、コンサル、ブランディング、DXDなど、幅広い業務を提供。様々な分野のエキスパートたちが集い、世界中の空間に新しい価値や感動を創り出しています。

Gensler Tokyo オフィス

Gensler Tokyo プロジェクト
（Accenture Innovation Hub）

Gensler Global プロジェクト
（Zhuhai Huace International Plaza）

株式会社アイ・アンド・キューアドバタイジング	広告会社
〒460-0008 愛知県名古屋市中区栄3-17-15 エフエックスビル 5F・6F tel:052-251-1550	

廣告社株式会社	広告会社
〒160-8441 東京都新宿区新宿3-1-24 京王新宿三丁目ビル 5F tel:03-3225-0061	

株式会社I&S BBDO	広告会社
〒104-6038 東京都中央区晴海1-8-10 晴海トリトンスクエアX tel:03-6221-8585	

コモンズ株式会社	広告会社
〒160-0002 東京都新宿区四谷坂町12-21 tel:03-5366-1930	

株式会社朝日広告社	広告会社
〒104-8313 東京都中央区銀座7-16-12 G7ビル tel:03-3547-5400	

The Breakthrough Company GO	広告会社
〒106-0032 東京都港区六本木3-17-10 ROPPONGI DUPLEX TOWER 2F	

イー・エム・シー株式会社	広告会社
〒103-0027 東京都中央区日本橋2-13-10 日本橋サンライズビル 6F tel:03-3275-2333	

株式会社CIRCUS	広告会社
〒106-0041 東京都港区麻布台1-5-9 55-1 麻布台ビル tel:03-6277-7418	

株式会社インフロント	広告会社
〒103-0023 東京都中央区日本橋本町1-9-13 日本橋本町1丁目ビル 10F　tel:03-6214-1100	

株式会社三晃社	広告会社
〒460-0002 愛知県名古屋市中区丸の内3-20-9 tel:052-961-2211	

株式会社ADKホールディングス	広告会社
〒105-6312 東京都港区虎ノ門1-23-1 虎ノ門ヒルズ森タワー tel:03-6830-3811	

サントリーマーケティング&コマース株式会社	広告会社
〒104-6231 東京都中央区晴海1-8-12 晴海アイランドトリトンスクエアオフィスタワーZ 31F　tel:03-3533-8911	

株式会社エヌケービー	広告会社
〒100-0006 東京都千代田区有楽町1-1-3 東京宝塚ビル tel:03-3504-2100	

JR九州エージェンシー株式会社	広告会社
〒812-0011 福岡県福岡市博多区博多駅前3-2-1 日本生命博多駅前ビル 3F　tel:092-481-5890	

エム・エム・エス・コミュニケーションズ株式会社	広告会社
〒160-0016 東京都新宿区信濃町35 信濃町煉瓦館 4F tel:03-5361-2750	

株式会社ジェイアール東海エージェンシー	広告会社
〒108-0075 東京都港区港南2-1-95 JR東海品川ビルB棟 7F tel:03-6688-5018	

株式会社クオラス	広告会社
〒141-6007 東京都品川区大崎2-1-1 ThinkParkTower 7F tel:03-5487-5001	

株式会社JR西日本コミュニケーションズ	広告会社
〒530-0003 大阪府大阪市北区堂島1-6-20 堂島アバンザ 8F tel:06-6344-5138	

株式会社グレイワールドワイド	広告会社
〒150-0013 東京都渋谷区恵比寿1-23-23 恵比寿スクエア 7F tel:03-5423-1712	

株式会社ジェイアール東日本企画	広告会社
〒150-8508 東京都渋谷区恵比寿南1-5-5 JR恵比寿ビル tel:03-5447-7800	

株式会社京王エージェンシー	広告会社
〒163-0867 東京都新宿区西新宿2-4-1 新宿NSビル 23F tel:03-3348-8610	

株式会社JTBコミュニケーションデザイン	広告会社
〒105-8335 東京都港区芝3-23-1 セレスティン芝三井ビルディング 12・13F　tel:03-5657-0600	

株式会社ケー・アンド・エル	広告会社
〒102-0083 東京都千代田区麹町4-8 麹町クリスタルシティ東館 8F tel:03-3263-2996	

株式会社真和	広告会社
〒110-0005 東京都台東区上野5-15-14 ONEST上野御徒町ビル tel:03-3831-7717	

株式会社ストリームス	広告会社
〒112-0014 東京都文京区関口1-23-6 プラザ江戸川橋 310 tel:03-5227-5561	

株式会社電通沖縄	広告会社
〒900-0015 沖縄県那覇市久茂地3-21-1 國場ビルディング 12F tel:098-862-0012	

セーラー広告株式会社	広告会社
〒760-8502 香川県高松市扇町2-7-20 tel:087-823-1155	

株式会社電通東日本	広告会社
〒105-0004 東京都港区新橋4-21-3 新橋東急ビル tel:03-5402-9555	

株式会社ソニー・ミュージックソリューションズ	広告会社
〒107-6214 東京都港区赤坂9-7-1 ミッドタウンタワー tel:03-5786-8952	

株式会社東急エージェンシー	広告会社
〒107-8417 東京都港区赤坂4-8-18 tel:03-3404-5321	

株式会社大広/大広WEDO	広告会社
〒530-8263 大阪府大阪市北区中之島2-2-7 tel:06-7174-8111	

トヨタ・コニック・プロ株式会社	広告会社
〒101-8343 東京都千代田区神田淡路町2-101 ワテラスタワー 9F tel:03-6457-8203	

株式会社大広九州	広告会社
〒810-0001 福岡県福岡市中央区天神1-4-2 エルガーラ 11F tel:092-762-7600	

株式会社西鉄エージェンシー	広告会社
〒810-0074 福岡県福岡市中央区大手門2-1-10 西鉄大手門ビル 2F tel:092-781-1161	

株式会社大広北陸	広告会社
〒930-0002 富山県富山市新富町1-1-12 明治安田生命富山駅前ビル tel:076-431-8514	

株式会社日宣	広告会社
〒101-0048 東京都千代田区神田司町2-6-5 日宣神田第2ビル tel:03-5209-7222	

株式会社中央アド新社	広告会社
〒103-0027 東京都中央区日本橋1-2-5 栄太楼ビル 9F tel:03-3242-1171	

株式会社日本SPセンター	広告会社
〒150-0011 東京都渋谷区東1-26-20 東京建物東渋谷ビル 5F tel:03-6688-7860	

株式会社中日BB	広告会社
〒460-0008 愛知県名古屋市中区栄2-11-30 セントラルビル 5F tel:052-218-3332	

株式会社日本経済広告社	広告会社
〒101-8323 東京都千代田区神田小川町2-10 tel:03-5282-8000	

株式会社TBWA HAKUHODO	広告会社
〒105-0023 東京都港区芝浦1-13-10 第三東運ビル tel:03-5446-7200	

株式会社博報堂	広告会社
〒107-6322 東京都港区赤坂5-3-1 赤坂Bizタワー tel:03-6441-8111	

テレ・プランニング・インターナショナル株式会社	広告会社
〒102-0094 東京都千代田区紀尾井町4-3 泉館紀尾井町 5F tel:03-3261-3000	

株式会社BBDO JAPAN	広告会社
〒104-6038 東京都中央区晴海1-8-10 晴海トリトンスクエアX 40F tel:03-6221-8040	

株式会社電通	広告会社
〒105-7001 東京都港区東新橋1-8-1 電通ビル tel:03-6216-5111	

株式会社プラナクリエイティブ	広告会社
〒812-0013 福岡県福岡市博多区博多駅東3-5-15 2F tel:092-452-8560	

株式会社電通アドギア	広告会社
〒104-0061 東京都中央区銀座8-21-1 住友不動産汐留浜離宮ビル tel:03-5565-5510	

株式会社プランクトンR	広告会社
〒150-0041 東京都渋谷区神南1-5-13 ルート神南ビル 7F tel:03-6416-4822	

株式会社ホープ

〒810-0022 福岡県福岡市中央区薬院1-14-5 MG薬院ビル 7F
tel:092-716-1404

広告会社

株式会社北陸博報堂

〒920-0919 石川県金沢市南町4-1 金沢ニューグランドビル
tel:076-222-5121

広告会社

株式会社ホンダコムテック

〒351-0188 埼玉県和光市本町8-1
tel:048-452-5900

広告会社

株式会社マスタープログレス

〒107-0062 東京都港区南青山6-8-18 P'ｓ南青山ビルディング 4F
tel:03-6418-1052

広告会社

マルエトーワ株式会社

〒542-0081 大阪府大阪市中央区南船場4-2-4 日本生命御堂筋
ビル 5F　tel:06-6243-5600

広告会社

株式会社明治アドエージェンシー

〒151-0063 東京都渋谷区富ヶ谷1-5-1
tel:03-3469-2131

広告会社

株式会社メトロ アド エージェンシー

〒105-0003 東京都港区西新橋1-6-21 NBF虎ノ門ビル
tel:03-5501-7831

広告会社

株式会社横浜メディアアド

〒221-0052 神奈川県横浜市神奈川区栄町5-1 横浜クリエーション
スクエア 4・5F　tel:045-450-1815

広告会社

株式会社ライツアパートメント

〒108-0073 東京都港区三田1-4-1 住友不動産麻布十番ビル 4F
tel:03-5444-6606

広告会社

りえぞん企画株式会社

〒101-0054 東京都千代田区神田錦町3-15 NTF竹橋ビル 4F
tel:03-3282-9614

広告会社

株式会社ワイデン＋ケネディ トウキョウ

〒153-0051 東京都目黒区上目黒1-7-13
tel:03-5459-2800

広告会社

I&CO Tokyo

〒150-0033 東京都渋谷区猿楽町17-10 代官山アートビレッジ 3F
TOKO

クリエイティブ
エージェンシー

株式会社アンティー・ファクトリー

〒150-0036 東京都渋谷区南平台町17-13 ヴァンヴェール南平台 2F
tel:03-6809-0218

クリエイティブ
エージェンシー

株式会社ium

〒151-0053 東京都渋谷区代々木5-66-6 ライムオフィスビル 2F/3F

クリエイティブ
エージェンシー

株式会社インパクトたき

〒450-0002 愛知県名古屋市中村区名駅4-2-28 名古屋第二埼玉ビル
2F　tel:052-583-1666

クリエイティブ
エージェンシー

株式会社エードット

〒150-0046　東京都渋谷区松濤1-5-3
tel:03-6865-1320

クリエイティブ
エージェンシー

株式会社EPOCH

〒150-0012 東京都渋谷区広尾1-5-8
tel:03-5778-4367

クリエイティブ
エージェンシー

株式会社ENJIN

〒154-0004 東京都世田谷区太子堂4-1-1 キャロットタワー
tel:03-5787-0061

クリエイティブ
エージェンシー

株式会社kiCk

〒107-0052 東京都港区赤坂8-5-32 TanakaKoma Bldg. 6F
tel:03-6434-7217

クリエイティブ
エージェンシー

株式会社Que

〒106-0032 東京都港区六本木 4-1-25 R4
tel:03-6277-7945

クリエイティブ
エージェンシー

株式会社Creative Project Base

〒105-0021 東京都港区東新橋5-9-4

クリエイティブ
エージェンシー

株式会社THE GUILD

〒107-0062　東京都港区南青山6-11-9 VILLA SK 4F

クリエイティブ
エージェンシー

株式会社THE GUILD STUDIO

〒151-0053 東京都渋谷区代々木5-66-6 ライムオフィスビル 2F/3F

クリエイティブ
エージェンシー

株式会社SIX

〒107-0062 東京都港区南青山6-3-16 A-FLAG美術館通り 2F
tel:03-3406-5266

クリエイティブ
エージェンシー

Studio Kawashima

〒153-0051 東京都目黒区上目黒1-13-14 Reve中目黒 2F

tel:03-6264-6771

クリエイティブエージェンシー

株式会社大伸社

〒542-0076 大阪府大阪市中央区難波5-1-60 なんばスカイオ 17F

tel:06-6976-5550

クリエイティブエージェンシー

株式会社Takram

〒150-0001 東京都渋谷区神宮前5-7-4 穏田今泉ビル

tel:03-5962-7733

クリエイティブエージェンシー

CHOCOLATE

〒150-0001 東京都渋谷区神宮前5-46-12 CHOCOLATE STUDIO

クリエイティブエージェンシー

株式会社トリプルセブン・クリエイティブストラテジーズ

〒151-0063 東京都渋谷区富ヶ谷1-49-21-1708

tel:03-5738-7765

クリエイティブエージェンシー

株式会社パーク

〒107-0061 東京都港区北青山3-10-6 第二秋月ビル 4F

tel:03-6883-3172

クリエイティブエージェンシー

PARTY

〒150-0033 東京都渋谷区猿楽町17-10 代官山アートビレッジ 3F TOKO

クリエイティブエージェンシー

株式会社博報堂ケトル

〒107-6322 東京都港区赤坂5-3-1 赤坂Bizタワー

tel:03-6441-4501

クリエイティブエージェンシー

株式会社ブルーパドル

〒158-0094 東京都世田谷区玉川2-21-1 二子玉川ライズ・オフィス 8F カタリストBA

クリエイティブエージェンシー

株式会社マスクマン

〒106-0032 東京都港区六本木5-18-23 INACビル 3F

tel:03-6869-1370

クリエイティブエージェンシー

株式会社monopo

〒150-0001 東京都渋谷区神宮前5-6-5 Path表参道 A棟 3F

tel:03-3400-6996

クリエイティブエージェンシー

株式会社れもんらいふ

〒150-0002 東京都渋谷区渋谷3-25-10 小池ビル 2F

tel:03-6418-9301

クリエイティブエージェンシー

Whatever

〒106-0032 東京都港区六本木7-2-8 WHEREVER 7F

tel:03-6427-6022

クリエイティブエージェンシー

株式会社IDR

〒107-0061 東京都港区北青山2-10-28リヘイビル 2F

tel:03-5770-4769

総合制作会社

株式会社ITPコミュニケーションズ

〒101-0021 東京都千代田区外神田2-18-2

tel:03-5298-6578

総合制作会社

AOI TYO Holdings株式会社

〒141-8580 東京都品川区大崎1-5-1 大崎センタービル 5F

tel:03-6893-5005

総合制作会社

株式会社揚羽

〒104-0032 東京都中央区八丁堀2-12-7 ユニデンビル 3F

tel:03-6280-3336

総合制作会社

株式会社アバランチ

〒550-0003 大阪府大阪市西区京町堀1-4-22 肥後橋プラザビル 7F

tel:06-6479-2401

総合制作会社

株式会社ウィルコミュニケーションデザイン研究所

〒550-0014 大阪府大阪市西区北堀江1-3-24 ルイール北堀江Bldg 3F

tel:06-6537-1901

総合制作会社

株式会社ヴェリー

〒550-0002 大阪府大阪市西区江戸堀1-10-8 パシフィックマークス 肥後橋 5F　tel:06-6225-5371

総合制作会社

株式会社オサマジョール

〒105-0003 東京都港区西新橋3-13-3 ユニゾ西新橋三丁目ビル 2F

tel:03-6432-4572

総合制作会社

株式会社カルタクリエイティブ

〒550-0002 大阪府大阪市西区江戸堀1-23-14 新坂ビル030

tel:06-6479-0515

総合制作会社

株式会社クリエイターズグループMAC

〒107-0052 東京都港区赤坂3-3-5 住友生命山王ビル 2F

tel:03-3588-8311

総合制作会社

株式会社光風企画

〒460-0017 愛知県名古屋市中区松原2-21-28

tel:052-322-4011

総合制作会社

コミュノグラフ株式会社

〒930-0066 富山県富山市千石町2-3-16
tel:076-464-5505

総合
制作会社

株式会社Jストリーム

〒105-0014 東京都港区芝2-5-6 芝256スクエアビル 6F
tel:03-5765-7000

総合
制作会社

株式会社ジャパン・アド・クリエイターズ

〒559-0034 大阪府大阪市住之江区南港北2-1-10 ATCビル ITM棟 10F
tel:06-4703-6000

総合
制作会社

株式会社16bit.

〒160-0022 東京都新宿区新宿5-12-15 KATOビル 2F
tel:03-5341-4963

総合
制作会社

株式会社ジュニ

〒160-0022 東京都新宿区新宿1-20-13 花園公園ビル 9F
tel:03-5925-8445

総合
制作会社

株式会社スタジオディテイルズ

〒460-0012 愛知県名古屋市中区千代田1-1-20 グリーンハイツ
千代田 1F　tel:052-265-9081

総合
制作会社

株式会社スパイス

〒107-0052 東京都港区赤坂2-17-46 グローヴビル
tel:03-5549-6130

総合
制作会社

株式会社スリーライト

〒103-0005 東京都中央区日本橋久松町5-6
tel:03-5640-5430

総合
制作会社

株式会社セガナ・クリエイティブ

〒160-0023 東京都新宿区西新宿8-14-24 西新宿KFビル710号
tel:03-6908-5720

総合
制作会社

大日本印刷株式会社

〒162-0062 東京都新宿区市谷加賀町1-1-1
tel:03-3266-2111

総合
制作会社

株式会社たきC1

〒450-0002 愛知県名古屋市中村区名駅4-10-25 名駅IMAIビル 4F
tel:052-265-7070

総合
制作会社

株式会社テイ・デイ・エス

〒162-0814 東京都新宿区新小川町8-30 山京ビル 2F

総合
制作会社

株式会社T's apro

〒150-0001 東京都渋谷区神宮前4-19-8
tel:03-6721-1894

総合
制作会社

株式会社T3デザイン

〒150-0002 東京都渋谷区渋谷3-28-13 渋谷新南口ビル 8F
tel:03-5468-9413

総合
制作会社

株式会社デジタル・アド・サービス

〒110-0008 東京都台東区池之端1-2-18 いちご池之端ビル 4F
tel:03-5832-5588

総合
制作会社

株式会社電通クリエーティブX（クロス）

〒105-0021 東京都港区東新橋1-2-5
tel:03-6264-6800

総合
制作会社

株式会社電通テック

〒100-8508 東京都千代田区内幸町1-5-3 新幸橋ビル
tel:03-6257-8000

総合
制作会社

株式会社東京アドデザイナース

〒102-0075 東京都千代田区三番町1 KY三番町ビル 5F
tel:03-3262-3894

総合
制作会社

株式会社ドリームホールディングス

〒108-0074 東京都港区高輪3-4-13 第二高輪偕成ビル 5F
tel:03-6441-2266

総合
制作会社

株式会社ナイスウェーブ

〒460-0008 愛知県名古屋市中区栄2-9-5 アーク栄東海ビル 10F
tel:052-253-5919

総合
制作会社

株式会社BYTHREE

〒550-0003 大阪府大阪市西区京町堀1-13-23 岡崎ビル 1F奥
tel:06-6147-7394

総合
制作会社

有限会社バウ広告事務所

〒106-0032 東京都港区六本木3-16-35 イースト六本木ビル 4F
tel:03-3568-6711

総合
制作会社

株式会社パズル

〒105-0004 東京都港区新橋5-27-1 パークプレイスビル 5F
tel:03-3436-3255

総合
制作会社

株式会社ビーワークス

〒108-0074 東京都港区高輪1-3-13 NBF高輪ビル 9F
tel:03-6859-0100

総合
制作会社

株式会社広瀬企画

〒460-0007 愛知県名古屋市中区新栄2-1-9 雲竜フレックスビル
西館 15F　tel:052-265-7860

総合
制作会社

株式会社ブラン

〒100-0011 東京都千代田区内幸町2-1-1 飯野ビルディング 9F
クロスオフィス日比谷　tel:03-5782-8031

総合
制作会社

株式会社未来舎

〒541-0056 大阪府大阪市中央区南本町2-2-3 堺筋ビル 8F
tel:06-6261-4606

総合
制作会社

株式会社YUIDEA

〒112-0006 東京都文京区小日向4-5-16 ツインヒルズ茗荷谷
tel:03-6902-2001

総合
制作会社

日本ビジネスアート株式会社

〒541-0052 大阪府大阪市中央区安土町2-3-13 大阪国際ビル
ディング 15F　tel:06-6261-1010

総合
制作会社

株式会社大阪宣伝研究所

〒550-0001 大阪府大阪市西区土佐堀1-6-19
tel:06-6443-9500

グラフィック
制作会社

株式会社サブロク

〒107-0062 東京都港区南青山2-21-35 南青山ヒルズ 2F
tel:03-6455-5336

グラフィック
制作会社

株式会社サンデザインアソシエーツ

〒542-0081 大阪府大阪市中央区南船場2-4-8長堀プラザビル 7F
tel:06-6261-2961

グラフィック
制作会社

有限会社清水正己デザイン事務所

〒150-0002 東京都渋谷区渋谷1-15-15
tel:03-5467-0581

グラフィック
制作会社

株式会社スズキモダン

〒461-0011 愛知県名古屋市東区白壁 2-1-30 4F
tel:052-253-5534

グラフィック
制作会社

株式会社ツープラトン

〒107-0052 東京都港区赤坂6-10-44
tel:03-5574-8451

グラフィック
制作会社

株式会社ディーズ広告事務所

〒541-0051 大阪府大阪市中央区備後町2-5-8 綿業会館本館 5F
tel:06-4308-4670

グラフィック
制作会社

株式会社デジーロ

〒108-0073 東京都港区三田2-7-7 芳和三田綱坂ビル 6F
tel:03-6459-4651

グラフィック
制作会社

株式会社デップ広告事務所

〒106-0074 東京都港区南麻布1-4-5 グランパレス南麻布仙台坂 102
tel:03-5439-4581

グラフィック
制作会社

株式会社ネスト

〒104-0061 東京都中央区銀座8-14-5 銀座小寺ビル 4F
tel:03-6228-5961

グラフィック
制作会社

株式会社ピンスポット

〒107-0052 東京都港区赤坂4-9-25 新東洋赤坂ビル 9F
tel:03-6434-5520

グラフィック
制作会社

株式会社マック

〒542-0081 大阪府大阪市中央区南船場3-2-1 ラインビルド心斎橋
6F　tel:06-6252-5367

グラフィック
制作会社

株式会社リュウズデザイン

〒104-0061 東京都中央区銀座7-17-14 松岡銀七ビル 4F
tel:03-3541-3714

グラフィック
制作会社

株式会社レイアップ

〒150-0002 東京都渋谷区渋谷1-5-7
tel:03-5467-5050

グラフィック
制作会社

合同会社ワザナカ

〒921-8033 石川県金沢市寺町2-2-3
tel:076-255-1375

グラフィック
制作会社

石川テレビ企業株式会社

〒920-0352 石川県金沢市観音堂町チ18
tel:076-266-1200

CM・映像・
Web動画
制作会社

株式会社エンジンフイルム

〒150-0012 東京都渋谷区広尾5-19-9 広尾ONビル
tel:03-3444-0147

CM・映像・
Web動画
制作会社

株式会社キュー

〒460-0007 愛知県名古屋市中区新栄 2-13-10
tel:052-249-9919

CM・映像・
Web動画
制作会社

株式会社シーピーエス

〒430-0929 静岡県浜松市中区中央1-16-9 4F
tel:053-450-8685

CM・映像・
Web動画
制作会社

株式会社ストライプス
〒105-0003 東京都港区西新橋2-23-1 3東洋海事ビル 9F
tel:03-6435-7777

CM・映像・Web動画制作会社

太陽企画株式会社
〒105-0004 東京都港区新橋5-21-1
tel:03-3436-3251

CM・映像・Web動画制作会社

株式会社ダンスノットアクト
〒106-0045 東京都港区麻布十番3-9-7
tel:03-5418-7755

CM・映像・Web動画制作会社

株式会社ティーアンドイー
〒810-0005 福岡県福岡市中央区清川 2-12-6
tel:092-524-1811

CM・映像・Web動画制作会社

Development合同会社
〒150-0012 東京都渋谷区広尾2-14-27 PANGEA TOKYO 2F
tel:03-4540-4341

CM・映像・Web動画制作会社

株式会社東北新社
〒107-8460 東京都港区赤坂4-8-10
tel:03-5414-0211

CM・映像・Web動画制作会社

株式会社ピクス (P.I.C.S.)
〒150-0022 東京都渋谷区恵比寿南3-9-19 サイシンビル
tel:03-3791-8855

CM・映像・Web動画制作会社

ワウ株式会社
〒150-0041 東京都渋谷区神南1-14-3
tel:03-5459-1100

CM・映像・Web動画制作会社

アドブレンド株式会社
〒939-8094 富山県富山市大泉本町1-4-14 パレット大泉 3F
tel:076-481-6657

デジタルクリエイティブ制作会社

株式会社アナグラムワークス
〒550-0002 大阪府大阪市 西区江戸堀1-10-2 肥後橋ニッタイビル 8F
tel:06-6448-3333

デジタルクリエイティブ制作会社

株式会社イークリエイト
〒450-0002 愛知県名古屋市中村区名駅3-3-2 志摩ビル 7F
tel:052-589-4555

デジタルクリエイティブ制作会社

株式会社一星企画
〒103-0011 東京都中央区日本橋大伝馬町14-15 7F
tel:03-5847-1870

デジタルクリエイティブ制作会社

エイトビー株式会社
〒450-0002 愛知県名古屋市中村区名駅3-25-9 堀内ビル 9F
tel:052-414-7731

デジタルクリエイティブ制作会社

株式会社オムニバス
〒153-0043 東京都目黒区東山1-4-4 目黒東山ビル 3F
tel:03-5725-8317

デジタルクリエイティブ制作会社

株式会社カケザン
〒104-0061 東京都中央区銀座6-18-2 野村不動産銀座ビル

デジタルクリエイティブ制作会社

株式会社カヤック
〒248-0012 神奈川県鎌倉市御成町11-8
tel:04-6761-3399

デジタルクリエイティブ制作会社

株式会社キャンバス
〒939-8204 富山県富山市根塚町1-1-4 ASNビル2F
tel:076-461-6615

デジタルクリエイティブ制作会社

株式会社クリエル
〒812-0016 福岡県福岡市博多区博多駅南1-2-3 博多駅前第一ビル 7F
tel:092-292-7427

デジタルクリエイティブ制作会社

株式会社コンセント
〒150-0022 東京都渋谷区恵比寿西1-20-6 第21荒井ビル 2F
tel:03-5725-0115

デジタルクリエイティブ制作会社

株式会社 Qosmo
〒153-0051 東京都目黒区上目黒1-13-14
tel:03-6455-2560

デジタルクリエイティブ制作会社

株式会社サービシンク
〒160-0022 東京都新宿区新宿1-10-3 太田紙興新宿ビル 6F
tel:03-6380-6022

デジタルクリエイティブ制作会社

株式会社サイクロン・クリエイティブ
〒150-0002 東京都渋谷区渋谷2-2-5 クルスビル 4F
tel:03-6418-3915

デジタルクリエイティブ制作会社

サムライト株式会社
〒100-0011 東京都千代田区内幸町1-1-6 NTT日比谷ビル 3F
tel:03-6550-8907

デジタルクリエイティブ制作会社

株式会社サンカクカンパニー
〒151-0051 東京都渋谷区千駄ヶ谷4-28-4 KSビル 8F
tel:03-6658-5428

デジタルクリエイティブ制作会社

株式会社ZIZO

〒550-0003 大阪府大阪市西区京町堀1-17-16 京町堀センタービルディング 10F tel:06-6110-5180

デジタル
クリエイティブ
制作会社

株式会社シフトブレイン

〒107-0062 東京都港区南青山2-19-14
tel:03-6300-0461

デジタル
クリエイティブ
制作会社

株式会社TAM

〒530-0053 大阪府大阪市北区末広町3-7
tel:06-6311-7727

デジタル
クリエイティブ
制作会社

株式会社ツードッグス

〒150-0021 東京都渋谷区恵比寿西2-4-5 星ビルディング 8F
tel:03-6416-1993

デジタル
クリエイティブ
制作会社

株式会社D2C dot

〒104-0061 東京都中央区銀座6-18-2 野村不動産銀座ビル
tel:03-6226-8930

デジタル
クリエイティブ
制作会社

株式会社テクノモバイル

〒107-0062 東京都港区南青山7-1-5 コラム南青山 5F
tel:03-6450-6040

デジタル
クリエイティブ
制作会社

株式会社デパート

〒141-0031 東京都品川区西五反田7-9-2 KDX五反田ビル 4F・5F
（総合受付） tel:03-6420-3175

デジタル
クリエイティブ
制作会社

株式会社ニューロマジック

〒104-0045 東京都中央区築地6-16-1 築地616ビル3F
tel:03-3248-1424

デジタル
クリエイティブ
制作会社

株式会社博報堂アイ・スタジオ

〒100-0006 東京都千代田区有楽町1-10-1 有楽町ビルヂング
tel:03-5219-7150

デジタル
クリエイティブ
制作会社

株式会社バスキュール

〒105-6002 東京都港区虎ノ門4-3-1 城山トラストタワー 2F
tel:03-5733-5811

デジタル
クリエイティブ
制作会社

株式会社ビーンズ・クリエイティヴ・ディレクションズ

〒939-8081 富山県富山市堀川小泉町655-7
tel:076-421-1371

デジタル
クリエイティブ
制作会社

株式会社ビジネス・アーキテクツ

〒108-0014 東京都港区芝5-13-18 いちご三田ビル 6F
tel:03-6453-6260

デジタル
クリエイティブ
制作会社

株式会社ピラミッドフィルム クアドラ

〒108-0023 東京都港区芝浦2-12-16 6F
tel:03-5476-4745

デジタル
クリエイティブ
制作会社

ブランコ株式会社

〒810-0002 福岡県福岡市中央区西中洲12-25 岩崎ビル 6F
tel:092-791-9755

デジタル
クリエイティブ
制作会社

株式会社マックスマウス

〒107-0052 東京都港区赤坂4-2-19 赤坂SHASTA・EAST
tel:03-5797-8760

デジタル
クリエイティブ
制作会社

株式会社MONSTER DIVE

〒107-0062 東京都港区南青山1-26-1 寿光ビル 5F
tel:03-6447-0091

デジタル
クリエイティブ
制作会社

株式会社ユーティックス

〒103-0012 東京都中央区日本橋堀留町1-3-21 サンヨー堂日本橋ビル 3F tel:03-3662-7760

デジタル
クリエイティブ
制作会社

株式会社ユニコン・アド

〒101-0051 東京都千代田区神田神保町1-44-14 イッカクビル
tel:03-3292-2391

デジタル
クリエイティブ
制作会社

株式会社ライゾマティクス

〒150-0011 東京都渋谷区東2-27-7 恵比寿東ハイツ第2 1F
tel:03-5778-4571

デジタル
クリエイティブ
制作会社

株式会社リクリック

〒150-0011 東京都渋谷区東3-12-12 祐ビル 2F
tel:03-6447-1506

デジタル
クリエイティブ
制作会社

株式会社ワーキング・ヘッズ

〒141-0022 東京都品川区東五反田5-26-5 ニッセイ五反田駅前ビル 2F tel:03-5447-6151

デジタル
クリエイティブ
制作会社

株式会社ワンゴジュウゴ

〒102-0094 東京都千代田区紀尾井町3-6 紀尾井町パークビル 7F
tel:03-3234-5546

デジタル
クリエイティブ
制作会社

あとがき

当たり前の話ですが、就職活動とは、どこかの会社に就職するための活動です。
でも、実は私は就活にはもう一つ大事だと思っていることがあります。
それは、「自分を知る」貴重な機会ということです。
いわゆる、自己分析といわれるものですね。
そんなこともあり、この本の表紙コンセプトも鏡仕様にして、
「自分を見つめ直せる本」にしました。

自分のことなんて、なんとなくわかってる気はしていたけど、
いざ人に自分を本気でアピールしなくちゃいけないってなった時、意外と困っちゃう。
だからこの機会にみんな自己分析なるものをやるわけなんですが、
後にも先にもそんなことをする必要がある場面って、なかなかありません。

でも、せっかくなので就活をきっかけに、
自分の美学や、大事にしていることを、しっかりルール化できると、
この先のクリエイター人生でもずっと役に立つと思うので、本当におすすめです。

就活用の自己分析のやり方も色々あると思いますが、
何よりも、自分自身が今「やれること」と「やりたいこと」をしっかりと深く理解し、
語れるようになる必要があります。
よく「自分の好きなものをつくればいいんだよ！」と先輩に言われても、
「そんなもの、わからない！」もしくは「そもそもない」って思うことありませんか？
でも「やりたいこと」と「やれること」をしっかり認識していると、
自分の中に指針が生まれて、迷いなく作品づくりができるようにもなります。
そのためにここでは、それら2つの見つけ方をご紹介したいと思います。
ちょっとしたテストみたいなものでもあったりするので、
これらはちゃんと文字に起こして、自分の中で整理した状態を常に意識できるようにしておくのがおすすめです。

まずは**「やれること」**の見つけ方。
「やれること」とはスキルとセンスのこと。

スキルは言わずもがな、技術としてできること。
IllustratorやPhotoshopの技術やデッサン力や動画編集の力、
あるいはテクノロジーの知見があったり、くだらないアイデアを出すことが得意だったりなどを指します。

センスとは何か。これは自分ではなかなか気づけないもの。でも探す手法はいくつかあります。

① 他人に聞いてみる

ぶっちゃけ自分のどこが優れているか？他人に聞くのがどうしても恥ずかしければストレングスファインダー（※）
という自己分析テストみたいなものをやるのでもいい。

とにかく自分がどういう長所がある人間かを客観的に知ることです。　※米国ギャラップ社の開発したオンライン「才能診断」ツール。

② 趣味など個人的に好きなことを洗い出す

無意識に他人よりもその事象に触れているもの。音楽やファッション、アイドル、漫画、ゲーム、あるいは歴史など、
なんでもいい。とにかく他人より詳しいものがあることが大事で、「これなら誰にも負けない！」というものです。
つまり趣味みたいなことですね。

ちなみに私の場合は「放送室」という松本人志さんと高須光聖さんがやっていたラジオを全話データ化し、
7年間ほどほぼ毎日欠かさず聴き続けていたので、そのラジオのことについては誰よりも詳しい自信がありました。

③ 過去の成功体験を洗い出してみる

単純に課題で一番を取った、優秀作品に選ばれた、賞を取った、みたいなことです。
先生や友人、先輩後輩に褒められた、など、もちろんそういうことでもいいです。
第三者から客観的に評価をされた経験は、自分の作品を理解するために非常に重要です。

④ 自分ができないことを洗い出す

これは逆張りの考え方です。情報処理能力が低い私は、物事を瞬時に理解できません。
だから、自分が理解できるもの＝誰にとってもわかりやすいものとなり、
自分のダメ脳みそがある種の物差しになってくれていて、今となっては自分の武器とも言えます。
他人よりできることで考えるのが難しいならば、
そうやって「他人よりできないこと」から考えることで逆に強みを見つけるやり方もあるのです。

以上の4つに対し、例えば私の場合でまとめてみると、
・「美大生っぽくない普通さが、井本らしさであり武器」ということを友人に言われた。
・お笑いを観たり聴いたりして人を笑わせたりすることが好き。
・学生時代、グラフィックデザインの授業で、全然デザインっぽくない作品をつくって人気投票学内1位を取ったことがある。
・情報処理能力が低い。
以上のことから、自分の武器が、コミュニケーション能力、ユーモア、客観性、端的でわかりやすいデザイン、
本能的に目立つデザイン、などであるという、キーワードが現れてきます。

そして**「やりたいこと」**の見つけ方。
どんなクリエイターになりたいのか、どういうところで働けばいいのか、いきなりフリーでやるべきなのか。
これは正直悩ましいところです。このご時世いくらでも選択肢があるため、まずは選択肢を狭めなければなりません。

①「尊敬する人」を思い浮かべる

その人をなぜ尊敬しているのか、までしっかり考える。

世の中を変える新しいアイデアを考え、それを自分の力で推進していった、とか、

ひたすらに影響力のあるデザインをバンバン世の中に出している、とか、

後世に継がれるような美しいものをつくり続けている、とか、単純に自分の好きなデザインをつくり続けている、とか。

その人をなぜ尊敬しているのかまで考えられると、自分の中の価値観が定まってきます。

そして、その人のどの部分が参考になるかを色々組み合わせていくと、

自分の理想像を漠然とつくることができます。

②「誰からどのように褒められたいか」を考える

賞を取って有名なクリエイターに「新しい」と褒められたい人もいれば、

先生に「他の生徒とは違う輝きがあるよね」と褒められたい人も、

クラスの友人に「お前には敵わない」と褒められたい人も、

家族に「あなたらしくていいわね」と褒められたい人も、

彼女に「カッコいい！」と褒められたい人も、

昔からの友人に「このデザイン家に飾りたい！」と褒められたい人も、

不特定多数の人からSNSで様々な意見で褒められたい人もいる。

自分が褒められたい人から、自分のつくったものがどのように褒められたら一番嬉しいのか、を考えてみる。

すると、自ずと自分のつくりたいものや進みたい方向性が見えてくると思います。

③なりたい「未来の自分」を想像する

お金持ちになりたいのか、たくさんの友人に囲まれたいのか、有名人になりたいのか、

山奥に住みながらアートと向き合い続ける孤高の天才みたいな人になりたいのか。

どんな未来の自分になりたいのか想像するのと同時に、どんな環境に身を置いているのかも想像してみてください。

1年後、5年後、10年後のビジョンでなるべく詳細なイメージを持てるといいです。

最初は尊敬している人の事務所で働いてノウハウを学びたい、とか、

10年後は独立して変化の多い働き方をしてる方が刺激があっていい、とか。

あるいは単純に人が好きだから学校みたいな大人数がいる大企業に居続けたい、とかなんでもいいです。

この①〜③を考えていくと、**「やりたいこと」**がある程度見えてくるかと思います。

当時の自分の場合は、

・可士和さんやMR_DESIGNの佐野研二郎さんみたいなダイナミックでキャッチーなデザインをするアートディレクターや、

松本人志さんのようにとにかく新しい笑いをつくり続け、後輩から慕われるような人に憧れがある。

・学生時代の友人から「昔から井本らしさって変わらないなー」みたいな感じで思われたい。

・とにかく人が好きで、色々な面白い人が一緒にいる空間に身を置きたい。

以上のことから、一つのキービジュアルを軸に様々な展開をさせるようなデザインや、

講評の時に友人に笑ってもらえるようなものをつくりたいと明確に思えるようになり、

就職先としては、広告会社でマスでドーンと目立つものや、面白いものがつくりたい、という結論に至りました。

今現在の私にそれができているかは置いておくとして…。
そうやって私の場合の「やれること」と「やりたいこと」をすり合わせますと、
オシャレなことや斬新な技法、思想の深さを主戦場とせず、
目立つものや、面白いもので、広告会社第一志望で戦おう！となったわけです。

そうやってやりたいことと、やれることがわかっていくと、
就職試験はもちろん、その後の制作スタンスも見えてきます。
無駄にはならないと思うので、ぜひぜひ試していただければと思います。

さいごに

就活は受験同様、皆さんが生きてきた中で一番頑張るべき時期だと思います。
当然ですが、働く環境は、自分にとっていいに越したことはないです。
いい環境というのは、別に有名な会社ということではありません。
名前で決めるのではなく、そこでどんなことができるのか、が重要です。
ちゃんと自己分析して、自分の人生の中で、明確な目的と意志を持って就活を行い、
そのための努力は惜しむべきではないということです。

大変そうに感じるかもしれないですが、受験よりはずっと楽しいと思います。
テストで〇〇点取ればいいという世界ではなく、自由にものをつくって、
自分が興味を持つところに対してアピールをして、
相性がいいところを見つけていく「マッチングゲーム」のようなものです。
ぜひ楽しんで、前向きに後悔のないように全力で頑張っていただければと思います。

2020年は、新型コロナウイルスという誰もが予期していなかったとんでもない魔物が世界を襲って、
いつ、どこで、何が起こるのかわからないことが全人類に叩きつけられた年でした。
今まで当たり前だった「生きる」ということが特別な意味を持って、
「働く」ということに対して多くの人が再度真剣に考えはじめました。

その中で、自分はクリエイターとして何がやれるのか、何をやりたいのか。
私も、少しずつですが考え直すようになりました。
人生で最も時間を割くであろう「働く」ということが、どうあるべきなのか。
自分のため？ 大切な人のため？ それとも世の中のため？ どんなことができるのか。
皆さんにとって就活というものが、後悔のないものになるよう、
この本が一助となれば、すごく嬉しいです。

最後まで読んでいただきありがとうございました。
またいつか、あなたがクリエイターとして働くことになった時、
いっしょにお仕事できることを心から楽しみにしております！

移動距離が、想像力を広げる。

フェロールームのアートディレクターは2つの人生を歩んでいます。ひとつは、デスクに張り付いてPCソフトを操作しながらデザインを行う、一般的にイメージされるデザイナー。そしてもう一つは、自分のイメージを満たしてくれる場所を求め移動を繰り返すトラベラーです。

一枚の画像をつくりあげるためだけに、各地を渡り歩くことは珍しいことではありません。数十ページのカタログの制作ともなれば、その期間は数週間にも及びます。海外で撮影する機会は昔に比べて減ったものの、日本国内のさまざまな場所へと出向いています。

フェロールームのメインの仕事はクルマのカタログを作ること。したがってアートディレクションも、グラフィックデザインよりも「画づくり」がメインとなります。対象がクルマであるために、その背景にもこだわりが求められます。またクルマという商品は、光の加減で見え方が大きく異なります。だからこそアートディレクターは理想を求めて旅を繰り返すのです。

そんなにあちこちに行かなくても、3D-CGさえあればどんな画でも作れるんじゃないか、という意見もあります。もちろん私たちも3D-CGを活用しています。むしろ積極的に使い、現実の再現から現実を超えたイメージの制作まで、さまざまなものを生み出しています。

3D-CGや画像加工技術の発達、あるいはストックフォトのようなサービスによって、表現の自由度は格段に上がりました。「画づくり」とは、そうした色々な要素を総合的にコーディネートしてつくる建築物のようなものです。

しかし、自由につくれるということは、それをつくる人間にすべてが委ねられていることを意味します。いままで自然まかせにしてきた細かい部分に至るまで、自分なりの答えを見つけていかなくてはなりません。自然を人工的に生み出していくのは非常な困難が伴います。

そのときに生きてくるのは、今まで自分が何を見て、何を美しいと感じてきたのか。自分がこれまでの人生の中で経験したこと、蓄えてきたことが問われます。ひとときオフィスを離れ、移動を繰り返しながら得た経験は、「画づくり」において必ずどこかで活かされます。移動距離の長さは、想像力の広さにつながっているのです。

CREATIVE PRODUCTION
Fellow Room

既存の価値観にとらわれない、
時代のちょっと先をいく人たちの頭の中を覗く
Ｗｅｂメディア

advanced
by massmedian

未来を面白くするヒントは、
「いま」にある。

既存の価値観にとらわれず、時代のちょっと先をいく人たち。
advanced（アドバンスト）は、そんな人たちの頭の中をあちこち覗き、
いろいろな価値観に出会うことで、
未来の生き方のヒントを見つけるメディアです。

未来の自分を、いま面白くしよう。

未来をキョロキョロ。

ad
vanced

massnavi

by マスメディアン

広告・マスコミ・IT業界を目指す学生のための就活応援サービス

マスナビは、マーケティング・デジタル・クリエイティブ・コミュニケーションデザインなど、
新しい当たり前をつくる仕事、未来をもっと面白くする仕事を目指すあなたに、さまざまな機会を提供しています。

MASSMEDIAN

massnaviでは
入学したての
大学1年生から
就活目前の学生まで、
大学生全学年の
キャリアのきっかけを
サポートしています。
未来をもっと面白くする
仕事に就くための
就活のステップを
ご紹介します。

STEP 1
自分のキャリアを考えてみる

将来を考える上で、まずは、"自分について知ってみる"ことを。好きなこと、嫌いなこと。得意なこと、不得意なこと。これまで学校でどんなことをしてきたか、これまで歩いてきた道のり。自分を振り返り、適性を知ると、自然とキャリアビジョンが湧いてきます。

STEP 2
先輩のキャリアに触れてみる

業界の最前線で活躍する若手から大ベテランの先輩まで、さまざまな人のキャリアに触れることで、より具体的に進むべき方向性が見出だせます。massnaviでは、内定したての身近な先輩も含め、業界を牽引する大先輩まで、いろいろなキャリアを知るイベントやインタビューコンテンツを展開しています。

STEP 3
業界・職種について詳しく知る

まずは業界の理解と職種を知ることが大切です。「仕事の流れ」「お金の流れ」「なりたち」など基本から業界を理解すること、職種ごとに求められる能力を理解し"自分に合う仕事とはなにか"を発見することが、理想のキャリアに近づく一歩となります。

STEP 4
実際に体験してみる

インターネットや人伝えの情報に振り回されないために、実際に体験することは大事です。自ら頭や手を動かし学びを得られるワークショップや、企業によるインターン体験など、massnaviの取り組みから今なにを準備すべきかが見えてくるかも。アイデアの見つけ方やスキルの磨き方など、頭に汗かくクリエイティブな体験は、仕事への憧れや理解を深めます。

STEP 5
企業について知る

"なぜ、その企業で働きたいのか、働く上でなにを重視するのか"よく考えてみましょう。イベントや説明会に参加して、直接仕入れる情報は、新鮮かつ貴重です。インターネットの情報に加えて、できる限り自分の五感を駆使し生きた情報を得ることが、企業を理解する上で価値のある情報となりえます。

STEP 6
選考について知る

選考を受ける上でも準備が大切です。模擬面接やワークショップ体験、業界特有のクリエイティブテストや筆記試験など、すべてのプロセスに対策を講じましょう。

STEP 7
選考を受ける

筆記試験ではSPI、語学力テスト、作文（小論文）などが主流ですが、一方で、グループワーク、グループディスカッション、グループ面接など、多数の中の立ち回りから、その方の人柄を見ることもあるようです。志望する企業がどんな選考方法をとっているのか、情報を十分に集め準備して、広告会社のプレゼンと同様に、戦略的に内定を勝ち取りましょう。

年間100回以上の業界研究セミナー・イベントを実施
有名クリエイター・経営者・大手広告会社の採用担当・若手社員・内定者など業界人の話を聞けるセミナーを多数開催。オンラインライブ、オンデマンド配信も多数行っています。

適職診断・職種解説など、広告業界の仕事を詳しく知ることができるコンテンツを公開中
自分に合った仕事を見つけるためのコンテンツも数多くご用意しています。

大手広告会社・テレビ局の内定者へのインタビュー記事を会員限定で公開
内定者への最新インタビュー記事を会員限定で公開。選考突破に直結する「就活のコツ」を多数ご紹介しています。

ほかにはない、マスナビ限定の求人も多数掲載
広告会社の求人だけではなく、誰もが知る大手メーカーのマーケティング職や、著名なクリエイティブエージェンシーのコピーライター職など、ほかの就活サイトにはない、マスナビ限定の採用情報が盛りだくさん。

JAAA（日本広告業協会）やJDLA（日本ディープラーニング協会）など業界を牽引する主要団体との講座もマスナビだけ！
本格的な就活前に、キャリアを考えるきっかけになったり、スキルを身につけたりするための講座も開催。アーカイブ配信中です。

就職準備はここからスタート

マスナビBOOKS

改訂版
広告のやりかたで就活をやってみた。

ロングセラーの就活本が、改訂版としてさらに充実！
もし、就活中の学生がマーケティングを学んだら？　大手広告会社のプランナーが、
広告のステップに沿って就活を徹底検証。すべての業界で使える就活に大切なポイント
「ツボ20」を紹介する。改訂版では、新しいツボを2つ加え、さらにパワーアップ！
選ばれるための伝わるコミュニケーションとは？

小島雄一郎 著
本体：1,400円＋税　ISBN 978-4-88335-423-8

なぜ君たちは就活になるとみんな
同じようなことばかりしゃべりだすのか。

なぜ君たちは、就活になるとみんな同じようなことばかりしゃべりだすのか。
そんな疑問を抱いた6人の広告プランナーがつくり上げた
自己分析や面接対策の実践本。
ジブンの本当の価値を伝える技術を指南します。

小島雄一郎、笹木隆之、西井美保子、保持壮太郎、吉田将英、大来優 著
本体：1,400円＋税　ISBN 978-4-88335-323-1

ザ・就活ライティング
20歳からの文章塾

書けない人を書ける人にする本、誕生。マスナビの人気文章講座「黒澤塾」が書籍化！
著者が文章講座を通して感じた、学生がつくる文章の良し悪しを
具体的に解説し、エントリーシートのコツや、文章作成のノウハウを伝える。
書きたいことの半分も書けない就活生へ。最初のステップ、
ES・作文で消えないために。元博報堂コピーライターが、その文章術を教える。

黒澤晃 著
本体：1,200円＋税　ISBN 978-4-88335-369-9

これから、絶対、コピーライター

コピーライターになりたい人を、コピーライターにする本。
あの広告会社で、多くのコピーライターを採用、発掘、教育した著者が
門外不出であったコピーライターになるための方法を初公開。
コピーライターのすべてがわかる入門書。

黒澤晃 著
本体：1,400円＋税　ISBN 978-4-88335-344-6

編集・監修：マスメディアン マスナビ編集部　発行：宣伝会議

マスナビBOOKS

改訂版　就活、転職の役に立つ
デジタル・ITに業界がよくわかる本

全ページのデザインを一新し、より見やすく、よりわかりやすく、
デジタル・ITの知識を紹介しています。また、令和時代に合わせて、新たに情報を加筆。
デジタル・ITの最新トレンドや、グーグルやアップルなど大手IT企業のビジネスモデル、
2020年最新の動向を取り上げています。学生向け就活本としてはもちろん、
若手社会人の学習にも役立つ、ビギナーにこそ読んでほしい一冊です。

志村隆一 著
本体：1,200円＋税　ISBN 978-4-88335-491-7

就活でどうしても会いたいテレビ人24人への
OB・OG訪本

ちょっとやそっとじゃ会えない凄い先輩方へのインタビューを敢行し、
本を通じてのOB・OG訪問を実現。今回は、NHK、日本テレビ、TBS、
テレビ東京、フジテレビ、読売テレビ、北海道テレビ、テレビ埼玉、TOKYO MXで
あの人気番組を制作する24人のテレビ人に、学生時代の就職活動、
テレビの仕事、テレビへの思い、テレビのこれからを聞きました。

一般社団法人 未来のテレビを考える会 編著
本体：1,400円＋税　ISBN 978-4-88335-347-7

就活でどうしても会いたい編集者20人への
OB・OG訪本

ベストセラー・ヒット作をつくる編集者には、共通点があった！？
雑誌、本、マンガ、ネットニュース、それぞれの分野で注目を集める編集者にインタビュー。
ブームを生み出す裏側や、転換期の出版業界で求められる
新しい編集者の在り方について迫りました。
編集者の仕事を、わかっているつもりのあなたに読んでほしい。

マスメディアン マスナビ編集部 編
本体：1,400円＋税　ISBN 978-4-88335-370-5

就活でどうしても会いたい起業家24人への
OB・OG訪本

24人の起業家があなたの背中を押してくれる本。
さまざまな業界で活躍する起業家にインタビュー！
よくある起業のノウハウ本ではなく、起業家としてのメンタリティについて
触れたはじめての本です。「社会を変革したい」「何かを成し遂げたい」
「その何かが見つからない」と思っている学生に読んでほしい一冊。

マスメディアン マスナビ編集部 編
本体：1,400円＋税　ISBN 978-4-88335-371-2

編集・監修：マスメディアン マスナビ編集部　発行：宣伝会議

クリ活2　アートディレクション・デザイン編

発行日　2021年2月1日　初版第1刷

監修	株式会社マスメディアン
編著	井本善之
編集	マスナビ編集部
アートディレクション	井本善之
デザイン	佐藤光/高橋里衣/井口博/稲垣弘行/三俣智
	小木野圭悟/大森廉/長谷川愛美/山口祐基
発行者	東彦弥
発行所	株式会社宣伝会議
	東京本社　〒107-8550　東京都港区南青山3-11-13
	TEL:03-3475-3010(代表)
	https://www.sendenkaigi.com/
印刷・製本	日経印刷株式会社

ISBN978-4-88335-505-1

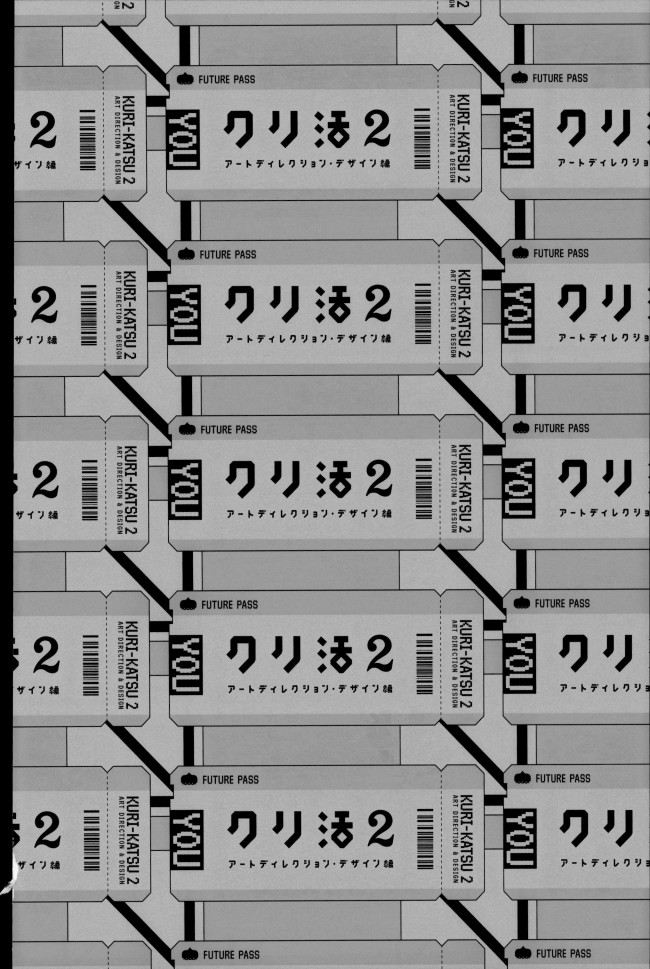

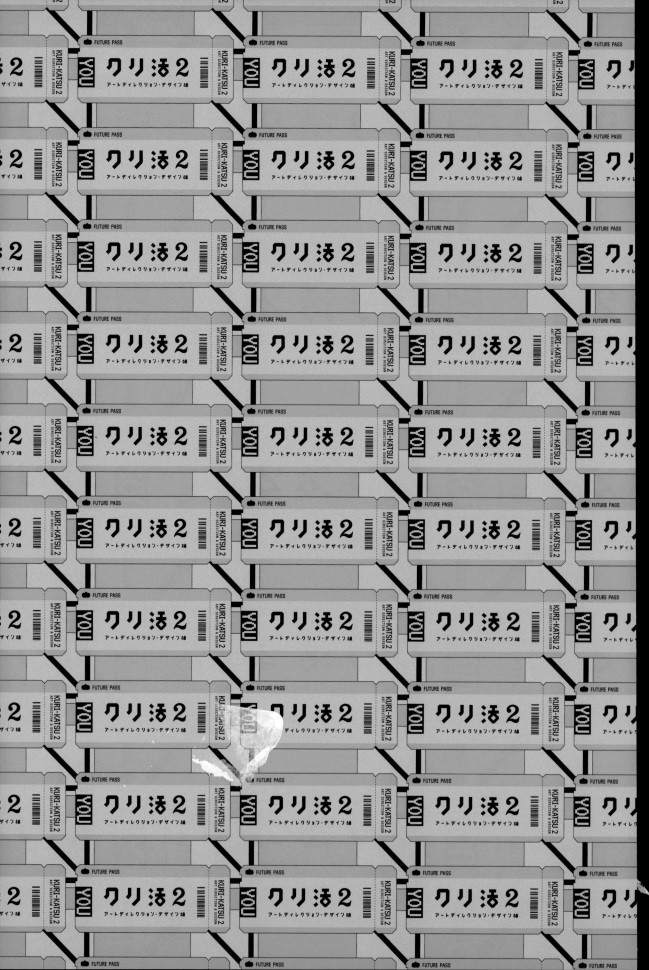